BEI GRIN MACHT SICH IHR WISSEN BEZAHLT

- Wir veröffentlichen Ihre Hausarbeit, Bachelor- und Masterarbeit
- Ihr eigenes eBook und Buch - weltweit in allen wichtigen Shops
- Verdienen Sie an jedem Verkauf

Jetzt bei www.GRIN.com hochladen und kostenlos publizieren

Bibliografische Information der Deutschen Nationalbibliothek:

Die Deutsche Bibliothek verzeichnet diese Publikation in der Deutschen Nationalbibliografie; detaillierte bibliografische Daten sind im Internet über http://dnb.d-nb.de/ abrufbar.

Impressum:

Druck und Bindung: Books on Demand GmbH, Norderstedt Germany
ISBN: 9783668211827

Dieses Buch bei GRIN:

http://www.grin.com/de/e-book/321061/auswirkungen-des-gesetzes-zur-weiterentwicklung-der-finanzstruktur-und

Sebastian Kulpok

Auswirkungen des Gesetzes zur Weiterentwicklung der Finanzstruktur und der Qualität in der Gesetzlichen Krankenversicherung (GKV-FQWG) auf die Beitrags- und Kommunikationspolitik der Krankenkassen

GRIN Verlag

Bachelor-Thesis

Auswirkungen des Gesetzes zur Weiterentwicklung der Finanzstruktur und der Qualität in der Gesetzlichen Krankenversicherung (GKV-FQWG) auf die Beitrags- und Kommunikationspolitik der Krankenkassen

Studiengang: Gesundheits- und Sozialwirtschaft

Name: Sebastian Kulpok

Abstract

Die Arbeit untersucht mögliche Auswirkungen auf die Beitrags- und Kommunikationspolitik der gesetzlichen Krankenkassen unter den Rahmenbedingungen des GKV-FQWG. Dabei wurden die Ergebnisse auf Unterschiede zwischen Krankenkassen mit hohen und niedrigen Zusatzbeiträgen ausgewertet. Die Ergebnisse einer schriftlichen Befragung von 52 Krankenkassen zeigen, dass ein niedriger Zusatzbeitrag nur bei Geschäftsstellennetzen und Wahltarifen zu Lasten des Services und der Leistungen geht. Niedrige Zusatzbeiträge wurden nicht auf Kosten von Qualität und Leistungen eingeführt. Weiterhin ergab die Befragung, dass zurzeit eine niedrige Konfliktbereitschaft herrscht und nicht mit einer Verschärfung des Wettbewerbes über den Preis im GKV- Markt zu rechnen ist. Die Ergebnisse deuten darüber hinaus auf ungleiche Rahmenbedingungen zu Gunsten der AOKn und großen Krankenkassen hin. Eine ergänzende Inhaltsanalyse von Webseiten ausgewählter Krankenkassen konnte aufzeigen, dass Kassen mit niedrigem Zusatzbeitrag tatsächlich überwiegend über den Preis werben, während Krankenkassen mit durchschnittlichen Zusatzbeiträgen andere Stärken in den Mittelpunkt stellen. Höhere Zusatzbeiträge werden gegenüber dem Kunden versteckt. Überraschenderweise gilt dies für Krankenkassen mit hohen Zusatzbeiträgen nicht. Diese versuchen ebenfalls über wirtschaftliche Vorteile Kunden von sich zu überzeugen.

Schlagworte: GKV, Krankenkassenmarketing, Beitragspolitik, Kommunikationspolitik, Wettbewerbsverhalten von Krankenkassen, Befragung von Krankenkassen

Inhaltsverzeichnis

Abkürzungsverzeichnis

BKK = Betriebskrankenkasse

BMG = Bundesministerium für Gesundheit, Bonn

DAK = DAK- Gesundheit (Ersatzkasse), Hamburg

DL = Dienstleistung

DMP-Programm = Disease-Management-Programm. Zentral organisiertes Behandlungsprogramm für chronisch kranke Menschen.

EK = Ersatzkasse

GKV = Gesetzliche Krankenversicherung

GKV- FQWG = Gesetz zur Weiterentwicklung der Finanzstruktur und der Qualität in der gesetzlichen Krankenversicherung vom 21.Juli 2014 (BGBl. I S. 1133)

GKV- GMG = Gesetz zur Modernisierung der gesetzlichen Krankenversicherung vom 14.November 2003 (BGBl. I S. 2190)

GKV- Spitzenverband = Spitzenverband Bund der Krankenkassen, Bonn

GKV- WSG = Gesetz zur Stärkung des Wettbewerbs in der gesetzlichen Krankenversicherung vom 26. März 2007 (BGBl. I S. 378)

GST = Geschäftsstelle

HKK = hkk Erste Gesundheit, Bremen

IKK = Innungskrankenkasse

KV = Krankenversicherung

MA = Mitarbeiterinnen und Mitarbeiter

PKV = Private Krankenversicherung

pwc = PricewaterhouseCoopers Wirtschaftsprüfungsgesellschaft, Frankfurt am Main

RSA = Risikostrukturausgleich

SBK = Siemens-Betriebskrankenkasse, München

SGB IV = Viertes Sozialgesetzbuch i.d.F. vom 12. November 2009 (BGBl. I S. 3710,3973,2011 I S, 363), zuletzt geändert durch Gesetz vom 23.Dezember 2014 (BGBl. I S. 2462)

SGB V = Fünftes Sozialgesetzbuch vom 20.12.1988 (BGBl. I S. 2477,2482), zuletzt geändert durch Gesetz vom 23.12.2014 (BGBl. I S. 2462)

SVLFG = Sozialversicherung für Landwirtschaft, Forsten und Gartenbau, Kassel

TK = Techniker Krankenkasse, Hamburg

USP = Unique Selling Proposition. Einzigartiges Verkaufsversprechen bei der Positionierung einer Leistung.

Verw. Kosten = Verwaltungskosten

Abbildungsverzeichnis

Tabellenverzeichnis

1. Einleitung

1.1 Problemstellung und Zielsetzung

Mit dem Gesetz zur Weiterentwicklung der Finanzstruktur und der Qualität in der gesetzlichen Krankenversicherung (GKV-FQWG) werden die Rahmenbedingungen der Finanzierung für die Krankenkassen erneut verändert. Der allgemeine Beitragssatz der gesetzlichen Krankenversicherung wurde zum 01.01.2015 von 15,5% auf 14,6 % abgesenkt. Gleichzeitig erhielten die Krankenkassen die Möglichkeit einen kassenindividuellen, einkommensabhängigen Zusatzbeitrag zu erheben.[1]

Der GKV-Spitzenverband geht davon aus, dass es durch die Absenkung des allgemeinen Beitragssatzes innerhalb der GKV zu Einnahmenverlusten von 11 Mrd. Euro, bei gleichzeitigem Anstieg der Leistungsausgaben kommen wird.
Die entstehende Finanzierungslücke kann von den Krankenkassen nur durch die Erhebung von Zusatzbeiträgen geschlossen werden.[2] Erhebt eine Krankenkasse einen Zusatzbeitrag, haben die Versicherten ein Sonderkündigungsrecht. Außerdem müssen die Krankenkassen Ihre Mitglieder in einem gesonderten Schreiben über das Sonderkündigungsrecht und den durchschnittlichen Zusatzbeitrag informieren.

Auf Grund der Finanzsituation der Krankenkassen geht der GKV- Spitzenverband davon aus, dass die meisten Krankenkassen auf lange Sicht einen Zusatzbeitrag erheben werden. In der Gestaltung der Höhe werden sich je nach Finanzsituation Spielräume ergeben.

"Experten warnen davor, dass nun ein gefährlicher Wettlauf um den günstigsten Preis zwischen den Krankenkassen beginnen könnte, zu Lasten von Leistung und Qualität und ohne Beachtung der steigenden Kosten im Gesundheitswesen."[3] Unbegründet sind diese Ängste nicht. Schließlich zeigen die Erfahrungen mit den Zusatzbeiträgen in den Jahren 2010 - 2012, dass diese große Wechselbewegungen auslösen können.

---

[1] BMG: http://www.bmg.bund.de/krankenversicherung/finanzierungs-und-qualitaetsgesetz/weiterentwicklung-der-finanzstruktur.html (15.11.2014)
[2] GKV Spitzenverband: http://www.gkv-spitzenverband.de/presse/pressemitteilungen_und_statements/pressemitteilung_182980.jsp (15.11.2014)
[3] Nakielski, H.: 2014, S. 406

In den Jahren 2010 - 2012 erhoben bis zu 13 Krankenkassen einen Zusatzbeitrag von durchschnittlich 8,00€.[4] Dies führte bei einigen Kassen zu hohen Versichertenbewegungen. Allein in den ersten 6 Monaten nach Einführung verlor die BKK für Heilberufe 38% ihrer Mitglieder. Die große DAK verlor innerhalb von Fünf Monaten nach Einführung 5% Ihrer Mitglieder.[5] Diese teilweise massiven Mitgliederverluste führten 2011 sogar bei der City BKK zu der ersten Insolvenz im Kassensektor.

Auf Grund der guten wirtschaftlichen Entwicklung konnten Mitte 2012 alle betroffenen Kassen Ihre Zusatzbeiträge wieder abschaffen.[6] Damit beruhigten sich die Wechselbewegungen weitestgehend. Wie sich die Wechselbewegungen an Hand der neuen Beitragssätze entwickeln werden, bleibt abzuwarten. In jedem Fall ergibt sich für einzelne Kassen die Chance mit einem niedrigen Beitrag im Jahr 2015 zu starten und damit zu versuchen der Konkurrenz Marktanteile abzujagen. Dies könnte höherpreisige Anbieter unter Druck setzen ebenfalls einen niedrigeren Preis anzubieten. Da dieser nur mit Kosteneinsparungen zu erzielen wäre, könnte dies tatsächlich zu Lasten von Qualität und Leistung gehen.

Diesen Befürchtungen wird im Rahmen dieser Arbeit nachgegangen und bietet darüber hinaus einen Überblick einzelnen Aspekten der Unternehmensstrategie, Beitrags- und Kommunikationspolitik der gesetzlichen Krankenkassen im Jahr 2015. Folgende Leitfragen sollen dabei beantwortet werden:

1. Geht ein niedriger Beitragssatz zu Lasten des Service oder der Leistungen?
2. Verschärft das FQWG den Preiswettbewerb?
3. Richtet sich die Kommunikationspolitik an der Höhe des Zusatzbeitrages aus?

---

[4] Vgl. GKV Spitzenverband: http://www.gkv-spitzenverband.de/krankenversicherung/krankenversicherung_grundprinzipien/finanzierung/zusatzbeitrag/zusatzbeitrag_seit_2009.jsp (15.11.2014)
[5] Vgl. (o.A.): 2010, S. 4
[6] Der Spiegel: http://www.spiegel.de/wirtschaft/soziales/gute-konjunktur-krankenkassen-wollen-zusatzbeitrag-abschaffen-a-802761.html (19.11.2014)

1.2 Gang der Arbeit

Kapitel Zwei gibt zunächst einen Überblick über die wichtigsten theoretischen Grundlagen sowohl des Dienstleistungs- als auch des Krankenkassenmarketings. Anschließend werden aus diesen die Hypothesen für die Beantwortung der Leitfragen entwickelt. Zur Beantwortung der Hypothesen wurde sowohl eine Befragung als auch eine Inhaltsanalyse entwickelt. Das Vorgehen und die Operationalisierung der Methoden beschreibt Kapitel Drei. Das vierte Kapitel gibt ausgewählte Ergebnisse empirischer Studien, der Inhaltsanalyse und der Kassenbefragung wieder. Im fünften Kapitel werden die Ergebnisse kritisch beleuchtet und mögliche Konsequenzen für das Krankenkassenmarketing aufgezeigt.

2. Theoretische Grundlagen

2.1 Grundlagen des Dienstleistungsmarketings

Im wirtschaftswissenschaftlichen Bereich findet sich bisher noch keine allgemein anerkannte Definition der Dienstleistung. Vielmehr finden sich unterschiedliche Definitionsansätze. Ziel der Ansätze ist es eine möglichst scharfe Abgrenzung zu den Sachgütern zu erreichen. Die Definitionsansätze teilen sich in Drei Gruppen auf:

- Enumerativ: Erfassung des Dienstleistungsbegriffes durch die Aufzählung von Beispielen
- Negativ: Abgrenzung des Dienstleistungsbegriffes über eine Negativdefinition von Sachgütern
- Konstitutiv: Explizite Definition des Dienstleistungsbegriffes durch konstitutive Merkmale[7]

Zur Ableitung von Marketingimplikationen ist lediglich die konstitutive Definition sinnvoll geeignet.[8]

Um eindeutig abgrenzbare Merkmale zu erhalten wird in der jüngeren Literatur das Wesen der Dienstleistung über eine phasenorientierte Betrachtung erläutert.[9]

---

[7] Vgl. Meffert, H./ Bruhn, M.: 2006. S. 29
[8] Vgl. Meffert, H./ Bruhn, M.: 2006. S. 29
[9] Vgl. Bieberstein, I.: 2006. S. 28

Die Phasen der Definition lauten:

- Potentialorientierung der Dienstleistung
- Prozessorientierung der Dienstleistung
- Ergebnisorientierung der Dienstleistung

Durch die Zusammenführung der drei Phasen ergibt sich folgende Definition des Dienstleistungsbegriffes:

„Dienstleistungen sind selbstständige, marktfähige Leistungen, die mit Bereitstellung und/oder dem Einsatz von Leistungsfähigkeiten verbunden sind (**Potentialorientierung**). Interne und externe Faktoren werden im Rahmen des Erstellungsprozesses kombiniert (**Prozessorientierung**). Die Faktorenkombination des Dienstleistungsanbieters wird dem Ziel eingesetzt, an den externen Faktoren, an Menschen und deren Objekten nutzenstiftende Wirkungen zu erzielen (**Ergebnisorientierung**)."[10]

Der Charakter einer Dienstleistung ist demnach nur zu erfassen, wenn alle drei Phasen durch ein jeweils gesondertes Merkmal in die Dienstleistungsdefinition eingehen.[11]

Im Folgenden sollen die Dimensionen der Phasen näher erläutert werden.
Die **Potentialorientierung** beschreibt die Fähigkeit und Bereitschaft eines Dienstleistungsanbieters zur Erstellung und Ausübung einer Dienstleistung. Um eine Dienstleistung verrichten zu können, muss der Anbieter über bestimmte geistige (z.B. Dolmetscher) oder körperliche (z.B. Masseur) Fähigkeiten, sowie anderen Produktionsfaktoren (Materielle-, informelle Güter und Informationen) verfügen, um eine Nutzenstiftung beim Nachfrager zu erzielen.[12] Dies bezeichnet man als **Leistungsfähigkeit**. Des Weiteren muss der Anbieter auch die Bereitschaft erbringen, den geforderten Dienst zum gewünschten Zeitpunkt und in der erwarteten Form zu leisten (z.B. Werkstatt hält am Wochenende Notdienst bereit). Dies bezeichnet man als **Leistungsbereitschaft**. Der Anbieter kann somit keine auf Vorrat produzierte Leistung anbieten, sondern nur seine Leistungsfähigkeit und Leistungsbereitschaft ver-

[10] Meffert, H./ Bruhn, M.: 2006. S. 33
[11] Vgl. Meffert, H./ Bruhn, M.: 2006. S. 30
[12] Vgl. Bieberstein, I.: 2006. S. 29 ; Vgl. Meffert, H./ Bruhn, M.: 2006. S. 31

kaufen. Das Leistungsergebnis liegt bei Vertragsabschluss nicht in konkreter Form vor. Dem Nachfrager wird das Leistungsergebnis lediglich versprochen. Das Absatzobjekt ist somit die Leistungsbereitschaft zur Verrichtung einer Dienstleistung.[13]

Prozessorientierung der Dienstleistung rückt in den Vordergrund sobald der Nachfrager das bereitgehaltene Potential in Anspruch nimmt, also den eigentlichen Leistungserstellungsprozess. Die Leistungserstellung findet durch eine Endkombination der Produktionsfaktoren statt. Die Besonderheit bei der Leistungserstellung liegt in der Notwendigkeit zur Einbringung des sog. **externen Faktors**, den der Kunde zur Verfügung stellt. Externe Faktoren gelangen nur eine begrenzte Zeit in den Verfügungsbereich des Anbieters und werden mit den internen Faktoren im Erstellungsprozess kombiniert. Durch die Einbringung des externen Faktors wird eine gewollte Veränderung an diesem (z.B. Haarschnitt) oder ein gewollter Zustand erhalten (z.B. Wartung einer Maschine). Die Einbringung des externen Faktors bedingt die **Synchronität von Produktion und Absatz** (Uno-Actu-Prinzip) als weitere Besonderheit der Dienstleistung.[14]

Die **Ergebnisorientierung** betrachtet den Dienstleistungsbegriff im Sinne einer abgeschlossenen dienstleistenden Tätigkeit, die geeignet ist einen Nutzen für den Nachfrager zu stiften. Die ergebnisorientierte Betrachtung zielt dabei auf die Zustandsveränderung des externen Faktors ab. Das Ergebnis ist der Zustand, welcher nach Abschluss des Dienstleistungsprozesses vorliegt. Charakteristisch ist, dass das Ergebnis **immateriell** ist. Auch bei Dienstleistungsergebnissen mit einem hohen Anteil materieller Elemente (z.B. Handwerksleistungen), bleibt die Wirkung auf dem externen Faktor immateriell. Die verwendeten materiellen Elemente sind lediglich Hilfsmittel zur Erreichung des angestrebten Ergebnisses.[15]

---

[13] Vgl. Bieberstein, I.: 2006. S. 29f
[14] Vgl. Bieberstein, I.: 2006. S. 31f
[15] Vgl. Bieberstein, I.: 2006. S. 33ff

"Aus Immaterialität resultieren zwei weitere Abgrenzungskriterien, sog. akzessorische Merkmale, die **Nichtlagerfähigkeit** und die **Nichtransportfähigkeit.**"[16] Darüber hinaus bedingt die Immaterialität, dass für den Käufer die Qualität einer Dienstleistung vor dem Kauf nur schwer beurteilt werden kann. Er muss auf das Leistungsversprechen des Anbieters vertrauen. Dies führt für den Käufer einer Dienstleistung zu einer größeren Kaufunsicherheit als bei Sachgütern.[17]

Die Besonderheiten von Dienstleistungen in Abgrenzung zu den Sachgütern lassen sich somit folgendermaßen zusammenfassen:

- Leistungsfähigkeit des Dienstleistungsanbieters
- Integration des externen Faktors
- Immaterialität des Leistungsergebnisses

Aus diesen Besonderheiten ergeben sich Implikationen für das Marketing von Dienstleistungen, die in Tabelle 1 zusammengefasst sind:

Besonderheiten von Dienstleistungen	**Implikationen für das Marketing**
Leistungsfähigkeit des Anbieters	▪ Dokumentation von Kompetenz ▪ Abstimmung der Leistungspotentiale ▪ Materialisierung der Fähigkeitspotentiale
Integration des externen Faktors	▪ Transport und Unterbringung des externen Faktors ▪ Standardisierungsprobleme bei bestimmten DL ▪ Marketingorientierung im Erstellungsprozess ▪ Reduzierung asymmetrischer Informationsverteilung ▪ Ausschluss unerwünschter Kunden
Immaterialität des Leistungsergebnisses • Nichtlagerfähigkeit • Nichtransportfähigkeit	▪ Materialisierung von DL ▪ Koordination von Kapazität und Nachfrage ▪ Flexible Anpassung der Kapazität ▪ kurzfristige Kapazitätssteuerung ▪ Breite Distribution bei DL des periodischen Bedarfs ▪ Selektive Distribution bei DL des aperiodischen Bedarfs

Tabelle 1: Besonderheiten von Dienstleistungen und Implikationen für das Dienstleistungsmarketing (Quelle: Meffert, H./ Bruhn, M.: 2006. S. 63)

[16] Meffert, H./ Bruhn, M.: 2006. S. 67, Die Ausnahmen der Regel beschreibt Meffert auf Seite 68
[17] Vgl. Bieberstein, I.: 2006. S. 53

2.1.1 Marketing als Aufgabe Informationsasymmetrien zu beseitigen

Aus den Besonderheiten der Dienstleistung, Leistungsfähigkeit des Anbieters, Integration des externen Faktors und der Immaterialität der Dienstleistung ergeben sich Informationsprobleme.

Diese können sowohl auf der Seite der Anbieter, als auch der Seite der Nachfrager liegen. Der Nachfrager einer Dienstleistung verfügt in der Regel über Informationen bezüglich des in die Dienstleistung einzubringenden Faktors.[18] So ist der individuelle Bedarf und die Ansprüche an Qualität erstmal nur dem Nachfrager selber bekannt. Der Anbieter hingegen verfügt über einen Informationsvorsprung gegenüber dem Nachfrager über die eigene Leistungsfähigkeit, wie z.B. der Möglichkeit Personal und Maschinen einzusetzen. Auf Grund der Immaterialität der Dienstleistung kann der Nachfrager vor Inanspruchnahme der Leistung weder den Erstellungsprozess noch das Ergebnis der Leistung hinreichend beurteilen. Des Weiteren führt die Immaterialität der Dienstleistung zu Unsicherheiten, wie sich der jeweilige Transaktionspartner verhalten wird. [19]

2.1.2 Erklärungsansätze aus der Neuen Institutionsökonomik

Mit den vorhandenen Informationsasymmetrien und deren Handhabung beschäftigt sich die Neue Institutionsökonomik. Unter der Annahme eines unvollkommenen Marktes wirkt das Marketing als Institution, die Unsicherheit reduziert, Anreize setzt und Transaktionskosten senkt.[20]

Einen Überblick über die grundlegenden Theorien der Neuen Institutionsökonomik zeigt folgende Tabelle:

---

[18] Vgl. Meffert, H./ Bruhn, M.: 2006. S. 83
[19] Vgl. Meffert, H./ Bruhn, M.: 2006. S. 83
[20] Vgl. Kaas, K.: 1995. S. 5

Theoretischer Ansatz	Grundannahmen	Erklärungspotential für DL Besonderheiten
Informationsökonomik	Existenz von Informationsasymmetrien zwischen Anbieter und Nachfrager	Lösungsansätze zur Überwindung von Informationsasymmetrien
Transaktionskostentheorie	Entstehung von Kosten durch Nutzung des Marktes und Transaktionen	Beurteilung der Eignung bestimmter Strukturen zur Regelung u. Überwachung für verschiedene Transaktionstypen
Principal- Agent- Theorie	Ausnutzen von Informationsasymmetrien durch den Anbieter aufgrund unterschiedlicher Ziele von Anbieter und Nachfrager	Notwendigkeit von Anreiz- und Kontrollmaßnahmen des Leistungsanbieters

Tabelle 2: Theorien der Neuen Institutionsökonomik (Quelle: Meffert, H./ Bruhn, M.: 2006. S. 63)

Auf die Theorie der Informationsökonomik soll im Folgenden noch näher eingegangen werden. Gemäß der Informationsökonomie müssen Individuen oftmals Entscheidungen treffen ohne vollständige Informationen über alle Entscheidungsparameter zu besitzen (Unsicherheit). Weiterhin wird unterstellt, dass Informationen zwischen Anbieter und Nachfrager nicht immer gleichmäßig verteilt (Informationsasymmetrien) sind.[21]

Durch die bestehenden Unsicherheiten und Informationsasymmetrien wird beim besser informierten Akteur opportunistisches Verhalten gefördert. Um die Informationsdefizite zu verringern sind beide Akteure bemüht sich Informationen zu beschaffen.[22]
Dies verursacht Informationskosten, die von den Eigenschaften der Leistungen beeinflusst werden, über die sich der Nachfrager informieren möchte.
Die Informationsökonomie unterscheidet Such-, Erfahrungs- und Vertrauenseigenschaften.[23]

- **Sucheigenschaften:** Können bereits vor Vertragsabschluss durch Inspektion beurteilt werden.
- **Erfahrungseigenschaften:** Können erst nach bzw. während der Leistungserstellung beurteilt werden. Eigene oder fremde Erfahrungen sind für die Beurteilung erforderlich.
- **Vertrauenseigenschaften:** Können weder während noch nach der Leistungserstellung vollständig beurteilt werden.[24]

---

[21] Vgl. Homburg, C./ Krohmer, H.: 2009. S. 57
[22] Vgl. Sutor T.: 2010. S.89
[23] Vgl. Vgl. Homburg, C./ Krohmer, H.: 2009. S. 58
[24] Vgl. Meffert, H./ Bruhn, M.: 2006. S. 85f, Homburg, C./ Krohmer, H.: 2009. S. 58

Je nach Dominanz der einzelnen Eigenschaften können Leistungen mit Hilfe des sog. Informationsökonomischen Dreiecks einem Such-, Erfahrungs- oder Vertrauenskauf eingeordnet werden. Die Zuordnung der Leistungseigenschaften hängt dabei von der subjektiven Wahrnehmung und dem Urteil des Konsumenten ab. Je höher der wahrgenommene Anteil an Erfahrungs- und Vertrauenseigenschaften ist, desto größer ist der Grad an Informationsdefiziten und Unsicherheit.[25] Um die Informationsdefizite und die Unsicherheit zu verringern leiten die Akteure Maßnahmen ein. Die Aktivitäten werden in Screening- und Signaling- Maßnahmen unterschieden.

Signaling meint die aktive Bereitstellung glaubwürdiger Informationen durch den besser informierten Marktteilnehmer. **Screening** meint die aktive Suche nach relevanten Informationen durch den schlechter informierten Anbieter.[26]
Beispiele für mögliche Aktivitäten der Marktpartner zeigt Tabelle 3.

	Signaling	**Screening**
Anbieter	**Besser informiert bzgl. der eigenen Potentiale** - Darstellung der eigenen Potentiale - Übernahme v. Servicegarantien - Referenzkunden, Reputation, Image	**Schlechter informiert bzgl. des externen Faktors** - Prüfung der Zahlungsfähigkeit - Marktforschung - Aufforderung der Selbsteinordnung
Nachfrager	**Besser informiert bzgl. des externen Faktors** - Preisgabe konkreter Informationen zum Individualisierungsbedarf - Angabe der Kundenerwartung und Zufriedenheit - Bereitschaft zur Selbsteinordnung	**Schlechter informiert über die Potentiale des Anbieters** - Angebotsvergleiche - Mund-zu-Mund Kommunikation - Rating-Agenturen, Testergebnisse

Tabelle 3: Informationsaktivitäten der Marktpartner (Quelle: Sutor, T.: 2010. S.89)

---
[25] Vgl. Meffert, H./ Bruhn, M.: 2006. S. 86
[26] Vgl. Sutor T.: 2010. S.89

Für das Dienstleistungsmarketing lässt sich aus der Informationsökonomie ableiten, dass Kenntnisse die Einordnung der Leistung aus Kundensicht erforderlich sind und daraus Marketingaktivitäten abgeleitet werden müssen. Dienstleistungen sind häufig durch Erfahrungs- und Vertrauenseigenschaften geprägt. Damit ist ein wichtiges Ziel des Dienstleistungsmarketings Aktivitäten zur Reduktion der Unsicherheit einzuleiten.[27] Dies führt dazu, dass bei längeren Geschäftsbeziehungen eine Vielzahl von Informationen dem Marktpartner bereits bekannt sind. Damit ist eine langfristige Bindung sowohl für den Anbieter als auch für den Nachfrager von Nutzen.[28]

2.2 Krankenkassenmarketing als spezielle Form

Die gesetzlichen Krankenkassen bieten als Produkt eine Krankenversicherung an. Versicherungen weisen die zentralen Kriterien von Dienstleistungen auf. Sie sind immateriell, sind bei der Leistungserstellung auf die Integration des externen Faktors (Versicherten) angewiesen und setzen die Leistungsfähigkeit des Versicherungsanbieters voraus.[29] Damit sind dem Grunde nach die Implikationen des Dienstleistungsmarketings auf das Krankenkassenmarketing anwendbar. Das Krankenkassenmarketing unterscheidet sich jedoch vom herkömmlichen Dienstleistungsmarketing durch folgende Faktoren:

- Versicherungen weisen vier negative Produktcharakteristika auf mit denen sich das Marketingmanagement auseinandersetzen muss:
  1. Versicherungsprodukte weisen auf Grund ihrer Immaterialität und Abstraktheit eine hohe Erklärungsbedürftigkeit auf.
  2. Versicherungsprodukte kennzeichnen sich durch Schwerverkäuflichkeit einer Leistung, die der Kunde typischerweise nach dem Eintritt eines negativen Ereignisses erhält oder die ihn zumindest dazu zwingt, sich gedanklich mit negativen Ereignissen auseinanderzusetzen.
  3. Versicherungsprodukte und konkret der Versicherungsschutz an sich stellen kein selbstwerbendes Gut dar.
  4. Versicherungskunden weisen eine relativ geringe Konsumneigung auf.[30]

---

[27] Vgl. Homburg, C./ Krohmer, H.: 2009. S. 60
[28] Vgl. Meffert, H./ Bruhn, M.: 2006. S. 90
[29] Vgl. Sutor T.: 2010. S.82f
[30] Vgl. zitiert nach Köhne, T, in Sutor, T.: 2010. S. 84

- Einschränkungen des Wettbewerbs durch rechtliche Restriktionen.:
Hierzu zählen u.a. die weitestgehende Begrenzung des Leistungsangebotes durch das Sozialgesetzbuch und die Aufsichtsbehörden, den direkten Auswirkungen von Gesundheitsreformen und Gesetzesänderungen, die Beschränkungen durch das Gesetz gegen unlauteren Wettbewerb, das Gesetz gegen Wettbewerbsbeschränkungen und die Gemeinsamen Wettbewerbsgrundsätze der Aufsichtsbehörden der GKV. Diese Beschränkungen begrenzen die Generierung von Alleinstellungsmerkmalen, sowie die Möglichkeiten der Kommunikationspolitik.[31]

- Die Komplexität des Gesundheitsmarktes:
Das Gesundheitssystem in Deutschland ist bei gesetzlich Versicherten durch eine Dreiecksbeziehung zwischen Versicherten, Leistungserbringern und Krankenkassen gekennzeichnet. Der Versicherte nimmt die medizinische Leistung bei den Leistungserbringern in Anspruch. Dieser rechnet die Kosten nicht mit dem Versicherten, sondern direkt mit der Krankenkasse ab. Dies führt dazu, dass die Versicherten primär mit den Leistungserbringern in Kontakt sind und die Krankenkasse eher im Hintergrund agiert. Dies macht die Anwendung des Marketings sehr komplex.[32]

- Der Krankenversicherungsmarkt als gesättigter Markt:
Aufgrund der Versicherungspflicht und der stark eingeschränkten Wechselmöglichkeiten für Versicherte der privaten Krankenversicherung gehört der gesetzliche Krankenversicherungsmarkt zu den Märkten mit einhundertprozentigem Sättigungsgrad. Wachstum ist somit nur durch Marktanteilsverschiebungen entweder durch Vertriebsaktivitäten oder durch Fusionen zu erzielen. Demzufolge kommt dem Halten der eigenen Versicherten ebenfalls hohe Bedeutung zu.[33]

Die genannten Besonderheiten führen dazu, dass die Marketingkonzeptionen aus dem Dienstleistungsmarketing für Wirtschaftsunternehmen für Krankenkassen nur eingeschränkt anwendbar sind. Dennoch ergibt sich die Notwendigkeit eines Krankenkassenmarketings. Dies soll im folgenden Abschnitt ausgeführt werden.

---

[31] Vgl. Matusiewicz, D./ Wasem, J./ Stollmeier, H./ Bischkopf, T.: 2013. S. 300f
[32] Vgl. Matusiewicz, D./ Wasem, J./ Stollmeier, H./ Bischkopf, T.: 2013. S. 301
[33] Vgl. Matusiewicz, D./ Wasem, J./ Stollmeier, H./ Bischkopf, T.: 2013. S. 301

2.2.1 Notwendigkeit des Marketing in der GKV

Bis zur Einführung des Gesundheitsstrukturgesetzes (GSG) zum 01.01.1996 war die Mitgliedschaft einer Krankenkasse eher durch die Vielzahl gesetzlicher Zuweisungsregeln als durch die Nutzung eines Wahlrechts bestimmt.[34]

Ein aktives Werben um Mitglieder war für die Krankenkassen zum Zwecke des Unternehmensfortbestandes daher nicht erforderlich. Die Einführung des Wahlrechts durch das GSG am 01.01.1996 erlaubt es pflicht- und freiwillig versicherten Mitgliedern ihre Krankenkasse zu wechseln und sich unter den wählbaren Krankenkassen zu entscheiden.[35] Durch die Einführung des Wahlrechtes wurde ein Wettbewerb der Krankenkassen untereinander ermöglicht und eingeleitet. Der Fortbestand der Krankenkasse ist daher nicht mehr per se gesichert, sondern bedarf marktorientierter Aktivitäten der Krankenkasse.

Mit Einführung des Gesundheitsmodernisierungsgesetzes (GKV-GMG) zum 01.01.2004 wurde der Abschluss von Verträgen mit einzelnen Leistungsanbietern ermöglicht.[36]Diese führt zu Verhandlungsvorteilen von Krankenkassen mit hohem Marktanteil gegenüber den einzelnen Leistungserbringern, sowie sinkende Transaktionskosten bei Vertragsverhandlungen. Eine größere Versichertenzahl bedeutet darüber hinaus Kostenvorteile gemäß der Erfahrungskurve generieren zu können. Außerdem ist der gesundheitspolitische Einfluss mit höherem Marktanteil größer.[37]
Für die Krankenkassen ist es daher notwendig Versicherte zu halten und bestehende Chancen zu nutzen neue Versicherte hinzuzugewinnen.
Hierzu bietet das Marketing die entsprechenden Ansatzpunkte.

[34] Vgl. Haenecke, H.: 2001. S. 73
[35] Die wählbaren Krankenkassen regelt der § 173 SGB V
[36] Vgl. Hajen, L./Paetow, H./Schumacher, H.:2010. S. 293
[37] Vgl. Scheffold, K.:2007. S. 88f

2.2.2 Ansatzpunkte im Krankenkassenmarketing

Haenecke systematisiert das Krankenkassenmarketing in Anlehnung an den Marketing-Management-Prozess in folgende Ebenen:[38]

- Marketing Ziele
- Marketing Strategien
- Marketing Instrumente
- Marketing Implementierungsprozess

Zur Vervollständigung des Marketing-Management-Prozesses steht vor der Definition von Marketing-Zielen eine Analyse der externen und internen Umwelt. Am Ende der Implementierungsphase schließt sich eine Kontrolle der Aktivitäten und Zielerreichung an, deren Ergebnis wiederum Eingang in die Analyse der externen und internen Umwelt findet.[39]Diese Ansatzpunkte werden in den folgenden Abschnitten vertiefend erläutert.

2.3 Strategisches Marketing bei Krankenkassen

Zum strategischen Marketing gehört die Formulierung von Marketingzielen und Marketingstrategien. Die Entwicklung von Marketingzielen ergibt sich aus dem Ergebnis der Analyse der Umweltsituation. Die Analyse der Umweltsituation bezieht sich auf folgende drei Bereiche.[40]

- Analyse der Makro-Umwelt. D.h. derzeitige und möglich zukünftige gesellschaftliche, gesamtwirtschaftliche, politische, rechtliche und technologische Ausgangssituation.
- Analyse der Mikro-Umwelt. D.h. Nachfrager und Wettbewerber im Markt
- Analyse der Situation des Unternehmens. Z.B. Kundenloyalität, Marktanteil der Krankenkasse

[38] Vgl. Haenecke, H.:2001. S. 96
[39] Vgl. Meffert, H./ Bruhn, M.: 2006. S. 176f
[40] Vgl. Homburg, C./ Krohmer, H.: 2009. S. 450f

Für die Analyse der Umweltsituation steht eine Vielzahl von Instrumenten und Methoden bereit.[41] Auf eine Diskussion welche Bereiche und Instrumente für Krankenkassen besonders relevant bzw. geeignet sind wird an dieser Stelle aus Gründen des Umfanges der Arbeit verzichtet.

Die Marketing-Ziele sind gemäß Haenecke "die zukünftigen Sollzustände, die durch das Verfolgen von Marketing-Strategien und dem Einsatz der Marketing-Instrumente realisiert werden sollen."[42]

2.3.1 Basisziele der Krankenversicherung

Die Krankenkassen sind durch die Einbindung in die gesetzliche Krankenversicherung in der Wahl Ihrer Ziele nicht frei. Die allgemeinen Wertvorstellungen sind durch die Grundmaximen der Sozialversicherung vorgegeben und der Unternehmenszweck wird durch das Sozialgesetzbuch bestimmt.

Als allgemeine Wertvorstellungen sind somit zu interpretieren:

- Soziale Gerechtigkeit: Gewährleistung der Chancengleichheit, sowie Erhalt und Verbesserung der gesellschaftlichen Strukturen.
- Soziale Sicherheit: Der Einzelne soll auch bei Krankheit, Invalidität oder Arbeitslosigkeit seine gesellschaftlichen Status erhalten.[43]

Der Unternehmenszweck leitet sich aus den Aufgaben der GKV ab. Diese Basisziele der Krankenversicherung sind:[44]

- Soziale Sicherheit im Krankheitsfall
- Umverteilung des Einkommens
- Bewahrung und Verbesserung des Gesundheitszustandes der Bevölkerung
- Wirtschaftlichkeit

Im Rahmen dieser Basisziele können die Krankenkassen ihr unternehmerisches Handeln ausrichten.

---

[41] Siehe Beispielhaft: Homburg, C./ Krohmer, H.: 2009. S. 452
[42] Haenecke, H.:2001. S. 97
[43] Vgl. Haenecke, H.: 2001. S. 97 und 163
[44] Vgl. Haenecke, H.: 2001. S. 164f

In seiner Untersuchung konnte Haenecke als wichtigste Unternehmensziele der einzelnen Kassen folgende Ziele identifizieren:[45]

- Sicherung des Kassenfortbestandes[46]
- Erhöhen/Halten der Kassengröße
- Senken/ Halten des Beitragssatzes

An Hand dieser Unternehmensziele legen Krankenkassen ihre konkreten Marketingziele fest.

2.3.2 Wettbewerbstrategien von Krankenkassen

Die Wettbewerbstrategien von Krankenkassen können folgendermaßen systematisiert werden:

Geschäftsfeldstrategien	Marktarealstrategie		Regional, bundesweit
	Festlegen der strategischen Stoßrichtung		Marktbehauptung, Marktaustritt, Repositionierung
	Wettbewerbsvorteilstrategien (eindimensional vs. simultan)		Kostenvorteil, Innovationsvorteil, Programmvorteil, Qualitätsvorteil, Markierungsvorteil, Zeitvorteil
Marktteilnehmerstrategien	Marktsegmentierungsstrategie (Risikoselektionsstrategie)		Standardisiert, differenziert, segment of one
	Verhaltensstrategien	Abnehmergerichtet	Präferenzstrategie, Preis-Mengen-Strategie
		Wettbewerbsgerichtet	Anpassung vs. Abhebung, defensiv vs. offensiv, Partnergerichtet, Fusion
		Leistungserbringer-gerichtet	Kostenkontrolle, Qualitätskontrolle, Konfliktbereitschaft
		Arbeitgebergerichtet	Differenzierung des AG Services, Integration von AG u. Versichertenservice
		Lobbygerichtet	Anpassung, Widerstand, Beeinflussung

Tabelle 4: Wettbewerbstrategien von Krankenkassen (Quelle: Eigene Darstellung in Anlehnung an Meffert, H./ Bruhn, M.: 2006. S. 227/ Haenecke, H.: 2001. S. 98ff)

[45] Vgl. Haenecke, H.: 2001. S. 178

[46] Scheffold weist in Ihrer Arbeit darauf hin, dass die Sicherung des Kassenfortbestandes nicht ausreichend operationalisiert wurde. Es ist nicht klar, ob hier die Schließung durch die Aufsichtsbehörde oder die Fusion einer Kasse gemeint ist. (Vgl. Scheffold, K.: 2007. S. 86)

Der Krankenkassenmarkt in Deutschland ist in 18 Regionen gegliedert. Die Krankenkassen können im Rahmen der Marktarealstrategien nur über die Zuständigkeit über eine Region, mehrere Regionen oder bundesweit entscheiden. Die Beschränkung auf ein Marktareal innerhalb der Region ist nicht möglich. Eine Vergrößerung des Marktareals ist über eine Satzungsänderung möglich. Eine Verkleinerung des Marktareals ist nur für Betriebskrankenkassen deren Träger sich aus einer Region zurückziehen möglich.[47] Von den verbleibenden 124 Krankenkassen sind 41 bereits bundesweit geöffnet.[48]

Der Markt der GKV gehört zu den stagnierenden Märkten. Daher kommen als strategische Stoßrichtungen die Marktbehauptung, Repositionierung und der Marktaustritt in Betracht. In der Regel werden die Krankenkassen versuchen sich am Markt zu behaupten. Im Rahmen der Repositionierung kommt die Konzentration auf neue Marktsegmente in Betracht. Marktaustrittsstrategien werden aufgrund der Haftung der Krankenkassen untereinander, insbesondere als Strategie der Kassenarten relevant. So kann bei nicht mehr gegebener Wettbewerbsfähigkeit versucht werden einen Partner zur Fusion zu finden.[49]

Für Krankenkassen ergeben sich im Rahmen der Wettbewerbsvorteile beispielhaft folgende Handlungsmöglichkeiten:

- Programmvorteile können durch Erweiterung des Leistungsangebotes im Rahmen der Satzung, Wahltarife oder Kooperation mit anderen Unternehmen erzielt werden. Z.B. Kooperation mit Zusatzversicherungen.
- Innovationsvorteile können durch das schnelle Nutzen von neuen gesetzlichen Möglichkeiten oder der Erprobung von neuen Versorgungskonzepten im Rahmen von Modellvorhaben und Strukturverträgen erzielt werden.
- Auch die Ausnutzung von neuen Kommunikations- und Informationstechnologien kann zu einem Vorteil in der Dienstleistungserstellung führen.

[47] Vgl. Haenecke, H.: 2001. S. 111f
[48] Stand 04.01.2015
[49] Vgl. Haenecke, H.: 2001. S. 100f

- Qualitätsvorteile können durch ein konsequentes Qualitätsmanagement erreicht werden.
- Ein Markierungsvorteil ist z.B. durch den Aufbau einer Corporate Identity realisierbar.
- Kostenvorteile können durch ein konsequentes Kosten- und Leistungsmanagement sowie Controlling erzielt werden.[50]
- Zeitvorteile werden durch eine Optimierung des Erstellungsprozesses, sowie einer schnellen Reaktion auf Kundenanfragen möglich.[51]

Die Marktsegmentierung kann anhand soziodemographischer, verhaltensorientierter, geografischer und psychographischer Merkmale vorgenommen werden. Dies kann zur Optimierung der Risikostruktur einer Krankenkasse genutzt werden, sodass eine Marktsegmentierungsstrategie oft eine Risikoselektionsstrategie darstellt.[52]

Bei den wettbewerbsgerichteten Verhaltensstrategien wird festgelegt ob die Krankenkassen sich von der Konkurrenz abheben oder anpassen möchten. Konfliktbereite Krankenkassen zielen darauf ab, die Schwächen der Konkurrenz auszunutzen, während defensive Krankenkassen den status quo bewahren wollen.
Im Rahmen der partnergerichteten Strategie reicht das Spektrum vom Vertreten gemeinsamer Positionen, Zusammenarbeit bei Modellvorhaben bis zu Finanzhilfen wie z.B. im AOK System. Eine weitere strategische Option um die dauerhafte Leistungsfähigkeit der Krankenkasse sicherzustellen ist die Fusion.[53]

Gegenüber den Leistungserbringern ergeben sich Handlungsspielräume im Rahmen der Kosten- und Qualitätskontrolle. Beispielhaft sei hier die Möglichkeit der Selektion von Leistungserbringern, Abrechnungsprüfung und Vertragsgestaltung genannt. Die Intensität der Konfliktbereitschaft einer Krankenkasse gegenüber den Leistungserbringern kann dabei erfolgsentscheidend sein.[54]

Im Rahmen der arbeitgebergerichteten Strategie wird festgelegt, ob jeder Arbeitgeber gleich behandelt oder einzelne Arbeitgeber bevorzugt behandelt werden. Außerdem

---

[50] Vgl. Haenecke, H.: 2001. S. 103ff
[51] Vgl. Meffert, H./ Bruhn, M.: 2006. S. 254
[52] Vgl. Haenecke, H.: 2001. S. 106f
[53] Vgl. Haenecke, H.: 2001. S. 113ff
[54] Vgl. Haenecke, H.: 2001. S. 116ff ;Vgl. Haenecke, H.: 2001a. S. 529

spielt der Umfang des Austausches von Versicherteninformationen zwischen Arbeitgeber und Krankenkasse eine Rolle. Das Ziel liegt darin die Rolle des Arbeitgebers als Absatzermittler für die Krankenkasse nutzbar zu machen:[55]

Änderungen der rechtlichen Rahmenbedingungen wirken sich direkt auf die Wettbewerbsposition von Krankenkassen aus. Daher ergibt sich die Notwendigkeit der politischen Einflussnahme. Dies kann auf regionaler Ebene oder Bundesebene erfolgen. Außerdem kann mit Hilfe der öffentlichen Diskussion und dem Lobbying Einfluss auf Entscheidungsträger genommen werden.[56]

2.4 Operatives Marketing bei Krankenkassen

Die eigentliche Umsetzung der Marketingstrategien und Unternehmensziele erfolgt durch die Anwendung der Marketinginstrumente. Im Rahmen der Marketingplanung müssen operative Entscheidungen über die Auswahl und Kombination der Marketinginstrumente getroffen werden. Die Festlegung wird als Marketing-Mix bezeichnet.[57] Die Marketinginstrumente aus dem Dienstleistungsmarketing müssen auf die Gegebenheiten des Krankenkassenmarktes angepasst werden.

Die wesentlichen Instrumente für das Krankenkassenmarketing sind:

- internes Marketing
- Leistungspolitik
- Distributionspolitik
- Kontrahierungspolitik
- Kommunikationspolitik

2.4.1 Internes Marketing

Beim internen Marketing handelt es sich um eine dienstleistungsspezifische Erweiterung der Marketinginstrumente. Gemeint ist die Gestaltung der betrieblichen Leistungspotentiale, Planung des Leistungsprozesses sowie die Berücksichtigung der Relevanz des Personals für das Dienstleistungsmarketing.[58]

---

[55] Vgl. Haenecke, H.: 2001. S. 118ff
[56] Vgl. Haenecke, H.: 2001. S. 121
[57] Vgl. Bieberstein, I.: 2006. S. 177 u. 187
[58] Vgl. Bieberstein, I.: 2006. S. 187f

2.4.2 Leistungspolitik

Haenecke untereilt das Marketinginstrument Angebotspolitik und versteht unter der Leistungspolitik lediglich Entscheidungen zur marktgerechteten Gestaltung des Leistungsprogramms. Die Servicepolitik sieht er als eigenes Instrument.[59]In meiner Arbeit wird die Servicepolitik jedoch als Teilbereich der Leistungspolitik verstanden.[60]

Die Möglichkeiten der Leistungsprogrammgestaltung sind durch das Sozialgesetzbuch sehr eingeschränkt. womit das Programm der Krankenkassen sehr homogen erscheint.[61]Handlungsfelder für die Leistungspolitik sind somit:[62]

- Kulanz im Bereich der Pflichtleistungen (z.B. Ermessenspielraum beim Entzug von Leistungen bei fehlender Mitwirkung)
- Entscheidungen zum Umfang von Beratung, Aufklärung und Information (offensiv oder restriktiv)
- Mehrleistungen im Rahmen der Satzung, Gesundheitsförderung, Modellvorhaben
- Zusatzleistungen durch Partnerunternehmen

Möglichkeiten zur Differenzierung ergeben sich darüber hinaus im Bereich der Servicepolitik.

Serviceleistungen sind Leistungen, die zusätzlich oder ergänzend zur Kernleistung angeboten werden, um das Angebot attraktiver zu machen.[63]

Handlungsfelder im Bereich der Servicepolitik sind:[64]

- Annehmlichkeit des tangiblen Umfeldes: Geschäftsstellenausstattung, Erscheinungsbild des Personals.

---

[59] Vgl. Haenecke, H.: 2001: S. 129

[60] Dem Autor erscheint es nicht schlüssig die Servicepolitik von der Angebotsgestaltung zu trennen. Gerade im Bereich der GKV die Servicepolitik bieten sich Möglichkeiten zur Differenzierung des Leistungsangebotes.

[61] Gemessen an den Zuweisungen aus den Gesundheitsfonds des Jahres 2012 erfolgten 98,5% der Zuweisungen für Pflichtleistungen und nur 1,5% für Satzungsleistungen(siehe: Matusiewicz, D./ Wasem, J./ Stollmeier, H./ Bischkopf, T.: 2013. S. 300)

[62] Vgl. Haenecke, H.: 2001. S. 129f u. Bogner, T./ Loth. J.: 2004. S. 72

[63] Vgl. Bieberstein, I.: 2006. S. 191

[64] Vgl. Haenecke: H.: 2001: S. 134

- Zuverlässigkeit: Fähigkeit der Krankenkasse die zu erbringenden Dienstleistungen auf den avisierten Niveau zu erfüllen.
- Einfühlungsvermögen: Bereitschaft und Fähigkeit individuelle Kundenwünsche zu erkennen.
- Reaktionsfähigkeit: Bereitschaft auf Kundenwünsche einzugehen, diese zu erfüllen und die Dauer der Reaktion.
- Leistungskompetenz: Fähigkeit der Krankenkasse zur Erbringung der Dienstleistung, in Bezug auf Wissen, Höflichkeit und Vertrauenswürdigkeit der Mitarbeiter
- Einrichtung eines Beschwerdemanagements mit den Elementen: Beschwerdestimulierung, -annahme, -bearbeitung und -auswertung.

2.4.3 Distributionspolitik

"Die Distributionspolitik umfasst alle Entscheidungen, die die Übermittlung des Leistungsangebotes einer Krankenkasse betreffen."[65]Die distributionspolitischen Entscheidungen von Krankenkassen beziehen sich auf folgende Bereiche:[66]

- Die Form der Erreichbarkeit: Die Optionen reichen von der Pflege eines engen Geschäftsstellennetzes bis zur Positionierung als Direktkasse mit virtuellem Kontakt über Telefon, Homepage und E-Mail.
- Bestandspflege: Die Pflege des Versichertenbestandes wird auch als Haltearbeit bezeichnet. Die Bestandspflege hat strategische Bedeutung für Krankenkassen.[67] Die Handlungsfelder reichen von der allgemeinen Haltearbeit, über die Haltearbeit bei Kündigungen bis zur gezielten Haltearbeit bei Abwanderungsgefährdeten.
- Akquisition: Um ein Wachstum zu genieren sind Aktivitäten zur Neukundengewinnung erforderlich. Im Rahmen der Akquise sind zwei Strategien möglich. Im Rahmen einer Pull- Strategie, positioniert die Krankenkasse ihr Angebot derart, dass es einen "Sog" auf die Kunden ausübt. Weitere Akquiseaktivitäten sind nicht erforderlich. Im Rahmen einer Push- Strategie "drückt" die Krankenkasse ihr Angebot in den Markt und versucht die potentiellen Kunden von ihrem Angebot zu überzeugen. Entscheidungen betreffen hier den Zeitpunkt der

---

[65] Haenecke, H.: 2001: S. 135
[66] Vgl. Haenecke, H.: 2001: S. 135ff
[67] Zur strategischen Bedeutung der Kundenbindung finden sich ausführliche Ausführungen bei: Schefold, K.: 2007: S. 91ff

Konfrontation des Kunden mit dem Angebot z.B. Beginn einer Ausbildung, sowie Entscheidungen zur Einschaltung von Absatzermittlern wie Versicherungsagenturen.

Ergänzend zu den Ansatzpunkten von Haenecke besteht aus Sicht des Autors mit Inkrafttreten des GKV- WSG am 01.04.2007 besteht folgender Ansatzpunkt.
Entscheidungen über die Wahl des Absatzweges von Leistungen: Bei einem Großteil der Leistungen handelt es sich um Sachleistungen, die von Ärzten oder Krankenhäusern erbracht werden. Diese treten als Absatzermittler auf. Auf die Zulassung eines Leistungserbringers haben die Krankenkassen im Rahmen der Kollektivverträge keinen Einfluss. In diesem Fall besteht für die Krankenkassen keine Einflussmöglichkeit auf die Wahl des Absatzermittlers, da die Leistungen von jedem zugelassenen Leistungserbringer erbracht werden dürfen. Handlungsmöglichkeiten ergeben sich jedoch im Bereich der Selektivverträge. Diese beziehen sich auf Modellvorhaben (§ 64 SGB V), Verträge zur integrierten Versorgung (140b SBGV), Hausarztverträge (§73b SGB V), Verträge zur besonderen ambulanten Versorgung (§73c SGB V) sowie auf Verträge im Bereich der Hilfsmittelversorgung (§127 SGB V). Somit sind im Bereich der Selektiverträge Entscheidungen über die Art des Absatzweges und die Anzahl der einzuschaltenden Leistungserbringer zu treffen.

2.4.4 Kontrahierungspolitik

Die Kontrahierungspolitik unterteilt sich in zwei Subinstrumente und zwar in die Preispolitik und die Konditionenpolitik.
Im Rahmen der Preispolitik sind für Krankenkassen Entscheidungen zur Höhe des Beitragssatzes zu treffen. Auch bei der Höhe des Beitragssatzes sind die Krankenkassen nicht frei in Ihrer Entscheidung. In erster Linie ist die Höhe des Beitragssatzes von der Höhe der Einnahmen des Gesundheitsfonds, den Leistungsausgaben, den Verwaltungskosten und den Ausgleichszahlungen des RSA abhängig. Neben den finanziellen Kriterien sollten Krankenkassen ihre Positionierung am Markt und die Wettbewerbsituation berücksichtigen.[68] Darüber hinaus bestehende weitere rechtliche Einschränkungen.

---

[68] Vgl. Bogner, T./ Loth, J.: 2004. S. 80

Die wichtigsten Einschränkungen sollen daher kurz erläutert werden:

- Eine vorrangig kostenorientierte Preispolitik ist notwendig: Krankenkassen müssen ihre Beiträge derart bemessen, dass sie die gesetzlich vorgeschriebenen und zugelassenen Ausgaben decken. Außerdem müssen die vorgeschriebenen und zugelassenen Betriebsmittel und Rücklagen bereitgehalten werden. Es ist rechtlich verboten Darlehen zur Finanzierung aufzunehmen.[69] Die Aufsichtsbehörden sind befugt die Erhebung von Zusatzbeiträgen anzuordnen, wenn die Ausgaben nicht gedeckt sind und die Krankenkassen keinen eigenen Beschluss zur Erhebung fassen.[70]

- Entscheidungen zur Beitragshöhe nur bei den Zusatzbeiträgen: Ab 01.01.2015 gilt für alle Krankenkassen ein allgemeiner Beitragssatz von 14,6%.[71] Dieser ist vom Gesetzgeber festgelegt und von den Krankenkassen nicht direkt beeinflussbar. Er stellt damit auch die untere Grenze der Beitragshöhe dar.[72] Wenn die Krankenkassen mit den Zuweisungen aus dem Gesundheitsfonds nicht auskommen, müssen Sie einkommensabhängige Zusatzbeiträge beschließen.[73] Eine Einschränkung besteht bei der Entscheidung zur Höhe des Beitrages bei bestimmten Personengruppen wie z.B. Arbeitslosengeld II Empfängern. Für diese gilt der durchschnittliche Zusatzbeitrag der vom BMG festgelegt wurde.[74]

Die oben genannten Ausführungen zeigen, dass Entscheidungen zur Beitragssatzhöhe durch schwer beeinflussbare Variablen bestimmt werden und auf die Höhe des Zusatzbeitrages beschränkt sind. Strategische Handlungsoptionen ergeben sich beim Zeitpunkt der Erhebung, Erhöhung und Verringerung des Zusatzbeitrages. Einsparerfolge können umgehend in Zusatzbeitragssenkungen umgesetzt oder verzögert werden.[75] Ebenso können Ausgabensteigerungen durch Abschmelzung des

---

[69] Vgl. § 21 SGB IV (23.12.2014)
[70] Vgl. § 242 Abs. 2 SGB V (23.12.2014)
[71] Vgl. § 241 SGB V (23.12.2014)
[72] Für bestimmte Personengruppen gelten abweichende Beitragsätze. Vgl. dazu §§ 243 - 248 SGB V (23.12.2014)
[73] Vgl. § 242. Abs. 1 und Abs. 2 SGB V (23.12.2014)
[74] Vgl. § 242 Abs. 3 und § 242a SGB V (23.12.2014)
[75] Vgl. Haenecke: H.: 2001: S. 126

Vermögens oder Streichung von Mehrleistungen zeitweise kompensiert werden, anstatt einen kostendeckenden Zusatzbeitrag zu erheben.[76]

"Die Konditionenpolitik umfasst alle Entscheidungen, die das Angebot von alternativen Tarifmodellen betreffen."[77]Entscheidungsspielraum ergibt sich für die Krankenkassen in folgenden Bereichen:

- Bonusregelungen: Krankenkassen können Bonuszahlungen für gesundheitsbewusste Verhaltenweisen gewähren. Diese sind möglich für die Teilnahme an Früherkennungsuntersuchungen, Maßnahmen der betrieblichen Gesundheitsförderung und der Inanspruchnahme von Präventionsleistungen, wie Gesundheitskursen. Außerdem kann die Teilnahme an Modellvorhaben, DMP-Programmen oder Verträgen der besonderen Versorgungsformen bonifiziert werden. [78]
- Wahltarife mit Einschränkungen der Versicherungsleistung: Hierzu zählen insbesondere die Selbstbeteiligungstarife. Bei einem Selbstbeteiligungstarif erhält der Kunde für die Nichtinanspruchnahme von Leistungen eine Beitragsrückzahlung. Dafür trägt der Kunde im Krankheitsfall einen Teil der Kosten selbst. Eine andere Form ist der Hausarztvertrag indem der Kunde auf die freie Arztwahl und den direkten Facharztbesuch verzichtet. Hierfür können ebenfalls Prämien gewährt werden.[79]
- Wahltarife mit Ausweitung der Versicherungsleistung: Bei dieser Form des Wahltarifes erfolgt eine Zuwahl von Leistungen, für diese Zusatzleistung entrichtet der Kunde einen zusätzlichen Beitrag.[80] Bisher gibt es diese Möglichkeit für die Zuwahl von Arzneimitteln der besonderen Therapierichtungen und für die Zuwahl von Krankengeld bei bestimmten Personengruppen.[81]
- Tarife mit Beitragsrückzahlung: Krankenkassen können Tarife anbieten, die einen Teil der Beiträge des Kunden zurückerstatten, wenn er und seine mitversicherten Angehörigen keine Leistungen in Anspruch nehmen.[82]

---

[76] Vgl. Nakielski, H.: 2014: S. 408f
[77] Haenecke, H.: 2001. S. 126
[78] Vgl. § 65a SGB V (23.12.2014)
[79] Vgl. § 53 Abs. 1 und Abs. 2 SGB V (23.12.2014)
[80] Vgl. Schulze Ehring, F./ Köster, A.-D.: 2010. S. 14
[81] Vgl. § 53 Abs. 3 SGB V (23.12.2014)
[82] Vgl. § 53 Abs. 2 und Abs. 6 SGB V (23.12.2014)

- Wahl der Kostenerstattung: Krankenkassen können Tarife anbieten, bei denen der Kunde anstatt der Sachleistung die Kostenerstattung wählt. Der Kunde erhält im Falle einer Leistungsinanspruchnahme eine Privatrechung, die er bei der Krankenkasse zur Erstattung einreicht. Die Höhe der Kostenerstattung können die Krankenkassen in ihrer Satzung festlegen. Es ist möglich eine zusätzliche Prämie für die Wahl der Kostenerstattung zu verlangen.[83]

2.4.5 Kommunikationspolitik

Die Aufgabe der Kommunikationspolitik ist die planmäßige Gestaltung und Übermittlung von Informationen, die die Adressaten der Kommunikation im Bereich Wissen, Einstellungen, Erwartungen und Verhaltensweisen im Sinne der Unternehmensziele beeinflussen sollen.[84]
Die Kommunikationspolitik kann sich sowohl an die Kunden der Krankenkasse (externe Kommunikation), als auch an die Mitarbeiter (interne Kommunikation) richten. Wie oben ausgeführt konnte kein spezieller interner Marketing Ansatz für Krankenkassen identifiziert werden. Die Besonderheit der Krankenversicherung als Dienstleistung impliziert jedoch die Beachtung des Faktors Mitarbeiter, schließlich tritt er im Leistungserstellungsprozess mit dem Kunden in Kontakt und ist das "Aushängeschild" des Unternehmens. Erst die Integration der internen und externen Kommunikation ermöglicht es dem Unternehmen konsistent und als Einheit aufzutreten.[85]Der Fokus dieser Arbeit soll in der externen Kommunikation liegen.
Den Krankenkassen stehen dazu folgende Instrumente zur Verfügung:[86]

- klassische Werbung
- Direktkommunikation
- Verkaufsförderung
- Öffentlichkeitsarbeit
- Sponsoring
- Event-Marketing
- Messen und Ausstellungen
- Multimediakommunikation

[83] Vgl. § 53 Abs. 4 SGB V (23.12.2014)
[84] Vgl. Homburg, C./ Krohmer, H.: 2009. S. 735
[85] Vgl. zitiert nach Bruhn, M. in Meffert, H./ Bruhn, M.: 2006. S. 474
[86] Vgl. Haenecke, H.: 2001. S. 137f

Nachfolgend soll aufgrund der Relevanz für die Untersuchung nur auf die Unternehmenswebsite als Instrument der Multimediakommunikation näher eingegangen werden. Auf eine ausführliche Darstellung der anderen Instrumente wird verzichtet.[87]

Webseite als Kommunikationsinstrument

"Der Internet-Auftritt eines Unternehmens, einer Marke oder eines Angebotes stellt eine ständig verfügbare Informationsplattform dar, welche die Besucher informieren, von dem Beworbenen überzeugen und zur Nutzung oder zum Kauf anregen soll."[88]
Die Gestaltung einer Website muss sich an der Kommunikationsstrategie des Unternehmens ausrichten. Hauptzielsetzungen sind unter anderem die Neukundengewinnung, der Aufbau von Kundenbeziehungen und Kundenbindung sowie die Imagepflege.[89]Neben der Internetadresse und den rechtlichen Pflichtangaben zählen die Inhalte (Content) und die Orientierungs- und Designelemente zu den Kernelementen einer Webseite.[90]
Der Content, sowie die Designelemente sind an Hand der Copy Strategie der Krankenkasse auszurichten. Die für die definierten Zielgruppen bedeutsamen Aspekte des Angebotes müssen besonders betont werden. Eine Alleinstellung des Kommunikationsobjektes im Sinne der Unique Selling Proposition (USP) sollte angestrebt werden. Dies hat insbesondere für den leistungshomogenen Markt der GKV hohe Bedeutung. Erreicht wird dies durch die Entwicklung eines kommunikativen Versprechens, dass den Nutzen für die Zielgruppen klar herausstellt und eine eindeutige Abgrenzung zum Wettbewerb bietet. Verbalisiert wird dies in einer nachvollziehbaren, glaubhaften und objektiven Begründung (Reason Why). Die Inhalte müssen stets aktuell sein. Im Rahmen der Botschaftsgestaltung müssen Stil, Charakter und Atmosphäre (Tonality) festgelegt werden.[91] Die optische Gestaltung wird durch Aspekte wie Farbauswahl, Typografie, Layout, Logos, Abbildungen und Fotos beeinflusst. Diese müssen dem Corporate Design angepasst werden. Außerdem müssen Sie den Erwartungen und Ansprüchen der Zielgruppen entsprechen.[92]

---

[87] Erläuterungen zu den Einsatzmöglichkeiten bei Krankenkassen finden sich u.a. bei Bogner, T./ Loth, J.:2004. S. 86ff
[88] Straub, J.: 2007. S. 54
[89] Vgl. Straub, J.: 2007 S. 54f
[90] Vgl. Straub, J.: 2007. S.56
[91] Vgl. Straub, J.: 2007. S.28
[92] Vgl. Straub, J.: 2007. S. 59

Neben der Gestaltung der Botschaft und des Designs ist auf die Benutzerfreundlichkeit der Website zu achten. Hierbei helfen Navigations- und Designelemente. Zu vermeiden sind lange Ladezeiten, nichtgängige Dateiformate und das Herunterladen von Plug-Ins. Außerdem sollte gerade bei einer Krankenkasse die Website barrierefrei gestaltet sein. Schlussendlich muss die Website Responselemente wie E-Mail Formulare anbieten.[93]

Beschränkungen der Kommunikationspolitik

Für Krankenkassen finden das Gesetz gegen unlauteren Wettbewerb und das das Gesetz gegen Wettbewerbsbeschränkungen mittelbare Berücksichtigung, solange keine sozialversicherungsrechtlichen Ausnahmebestände entgegenstehen.[94]
Über diese allgemeinen Vorschriften hinaus existieren die gemeinsamen Wettbewerbsgrundsätze der Aufsichtsbehörden der gesetzlichen Krankenversicherungen. Diese haben als Verwaltungsvorschriften zwar keine rechtliche Bindung, haben in der Praxis dennoch große Relevanz, da die Aufsichtsbehörden bei Verstoß gegen die Selbstverpflichtung aufsichtsrechtliche Maßnahmen einleiten. Zudem ziehen auch die Gerichte die "Wettbewerbsgrundsätze" zur Entscheidungsfindung heran.[95]Die wesentlichen Einschränkungen sind:[96]

- Beschränkungen des Werbebudgets: Die jährlichen Ausgaben für allgemeine Werbemaßnahmen sollen 0,15% (2015: 4,25€) der monatlichen Bezugsgröße je Mitglied nicht überschreiten. Auch der Wert von Werbegeschenken ist beschränkt. Die Werbeausgaben zählen zu den Verwaltungskosten.
- Beschränkungen der Anreize für die Akquise und das Halten von Mitgliedern: Hauptamtlichen Mitarbeitern dürfen für das Werben von Mitgliedern keine Prämien gezahlt werden. Die Prämien für nichtamtliche Dritte sind beschränkt.
- Hausbesuche bei potentiellen oder zu haltenden Mitgliedern sind nur mit Vereinbarung oder schriftlicher Terminvergabe zulässig.

[93] Vgl. Straub, J.: 2007. 60f
[94]Vgl. Koenig, C./ Engelmann, C./ Hentschel, K.: 2003. S. 833f ; Vgl. Bogner, T./ Loth, J.:2004. S. 86
[95]Vgl. Koenig, C./ Engelmann, C./ Hentschel, K.: 2003. S. 834
[96] Vgl. Gemeinsame Wettbewerbsgrundsätze der Aufsichtsbehörden der gesetzlichen Krankenversicherung vom 19.03.1998 in der Fassung vom 9.11.2006

- Beschränkung der Darstellung: Es ist auf eine sachliche Darstellung der eigenen Besonderheiten zu achten. Leistungs- und Beitragsvergleiche dürfen nicht in unlauterer Weise erfolgen.
- Negative Behauptungen über andere Krankenkassen sind nicht zulässig.

Neben oben genannten Einschränkungen ist davon auszugehen, dass Werbemaßnahmen von Krankenkassen als Verwalter öffentlicher Gelder auch einer kritischen Beurteilung durch die Öffentlichkeit unterliegen.

Unter Berücksichtigung vorgenannter Einschränkungen kann die Krankenkasse ihr Kommunikationskonzept aufstellen. Aus der Besonderheiten der Krankenversicherung als Dienstleister resultiert eine hohe Bedeutung des Images für die Qualitätsbeurteilung. Dies impliziert folgende Aufgaben für das Krankenkassenmarketing:

- Ein hohes Maß der Anwendung von Individualkommunikation.[97]
- Die Kommunikationspolitik muss maßgeblich zum Aufbau eines positiven Krankenkassenimages beitragen.
- Die Kommunikationspolitik muss zum Abbau von Informationsasymmetrien und zur Dokumentation der Leistungsfähigkeit beitragen. Hierbei helfen ein positives Image und eine hohe Kundenzufriedenheit durch Weiterempfehlung bestehender Kunden.

2.5 Zusammenfassung und Implikationen für die Untersuchung

Für den Fortbestand einer Krankenkasse ist Wachstum, zumindest jedoch das Halten des eigenen Versichertenbestandes, notwendig. Es besteht daher die Notwendigkeit eines Marketings. Versicherungen sind Dienstleistungen. Damit müssen Krankenkassen in ihrem Marketing sowohl die Besonderheiten des Dienstleistungsmarketings als auch die Besonderheiten des Gutes Versicherung, beachten. Versicherungen sind abstrakt, von hoher Erklärungsbedürftigkeit, schwerverkäuflich und nicht selbstwerbend. Für Krankenkassen ist es daher entscheidend die eigene Leistungsfähigkeit durch die Dokumentation von Kompetenz darzustellen. Des Weiteren ist sowohl die Materialisierung der Krankenversicherung an sich, als auch die Materialisierung der Fähigkeiten und Potentiale der Krankenkasse selbst erforderlich.

---

[97] Vgl. Meffert, H./ Bruhn, M.: 2006. S. 479

Die Leistung einer Krankenversicherung ist nur durch die Integration des Kunden möglich. Zwischen den Kunden und den Anbietern der Krankenversicherung bestehen Informationsasymmetrien. Diese sind durch das hohe Ausmaß an Erfahrungs- und Vertrauenseigenschaften der Versicherung geprägt. Die Kunden haben Schwierigkeiten die Leistungsfähigkeit der Krankenversicherung zu beurteilen. Es ist daher davon auszugehen, dass sie Screening Aktivitäten, wie Angebotsvergleiche, Empfehlungen von Bekannten und Verwandten oder Testergebnisse für ihre Kaufentscheidung, unternehmen. Die Krankenkassen wiederum versuchen mit Signaling Aktivitäten den Informationsasymmetrien zu begegnen.

Aus der Sicht des Autors kommt somit zwei Instrumenten des Marketing-Mixes bei Krankenkassen sehr hohe Bedeutung zu, und zwar der Beitrags- und Kommunikationspolitik.

2.6 Hypothesenbildung

Aufgrund der Abstraktheit, Immaterialität und den Einschränkungen bei der Leistungspolitik ist anzunehmen, dass dem Beitragssatz als Differenzierungs- und Vergleichskriterium ein sehr hoher Stellenwert zukommt. Dies kann dazu führen, dass Wettbewerb vorrangig über den Preis ausgetragen wird. Von Seiten des Gesetzgebers ist eine Reduzierung des Preiswettbewerbes gewünscht.[98]Die zentralen Fragestellungen im Rahmen dieser Arbeit lauten daher:

Forschungsfrage 1: Geht ein niedriger Beitragssatz zu Lasten des Services oder der Leistungen?

Diese soll anhand folgender Hypothesen untersucht werden:

Hypothese 1: Kassen mit niedrigem Zusatzbeitrag haben Programmnachteile.

Hypothese 2: Kassen mit niedrigem Zusatzbeitrag haben Qualitätsnachteile.

Hypothese 3: Kassen mit niedrigem Zusatzbeitrag haben Innovationsnachteile.

---

[98] Vgl. (o.A.): Entwurf eines Gesetzes zur Weiterentwicklung der Finanzstruktur und der Qualität in der gesetzlichen Krankenversicherung. 2014. S. 1

Hypothese 4: Bei der Beitragsfestsetzung haben Kassen mit niedrigem Beitrag eher Leistungskürzungen in Kauf genommen, als Kassen mit hohem Beitrag.

Hypothese 5: Bei der Beitragsfestsetzung ist Kassen mit niedrigem Zusatzbeitrag die Qualität nicht so wichtig gewesen, wie bei Kassen mit höherem Zusatzbeitrag.

Hypothese 6: Kassen mit niedrigem Zusatzbeitrag sind eher bereit Leistungen für den Erhalt des Zusatzbeitrages zu kürzen.

Hypothese 7: Die Handlungsmöglichkeiten für die Einführung neuer Leistungen haben sich verschlechtert.

Forschungsfrage 2: Verschärft das FQWG den Preiswettbewerb?
Diese soll anhand folgender Hypothesen untersucht werden.

Hypothese 8: Kassen mit niedrigem Zusatzbeitrag wollen eine Erhöhung des Zusatzbeitrages eher vermeiden als Kassen mit höherem Beitrag.

Hypothese 9: Kassen mit niedrigem Zusatzbeitrag sind konfliktbereiter gegenüber der Konkurrenz.

Hypothese 10: Das Preissignal nimmt durch die neuen Zusatzbeiträge zu.

Hypothese 11: Die Wettbewerbsbedingungen haben sich für Kassen mit höherem Zusatzbeitrag verschlechtert.

Hypothese 12: Kassen mit niedrigem Zusatzbeitrag haben ihr Werbebudget erhöht.

Die Kommunikationspolitik hat unter anderem als Aufgabe das Produkt Krankenversicherung zu materialisieren sowie die Fähigkeiten und Potentiale der Krankenkasse darzustellen. Damit hat sie die Aufgabe die Stärken des Unternehmens nach außen darzustellen um den Kunden vom Unternehmen zu überzeugen. Liegt eine Stärke aufgrund eines niedrigen Beitragssatzes vor, ist es naheliegend, dass diese nach außen kommuniziert wird. Liegt ein niedriger Beitragssatz nicht vor dann sind andere Stärken nach außen darzustellen. Eine weitere zentrale Fragestellung lautet daher:

Forschungsfrage 3: Richtet sich die Kommunikationspolitik an der Höhe des Zusatzbeitrages aus?
Diese soll anhand folgender Hypothese untersucht werden.

Hypothese 13: Kassen mit niedrigem Zusatzbeitrag werben vorrangig mit dem Preis, während Kassen mit höherem Zusatzbeitrag vorrangig mit Leistungen und Service werben.

3. Methode

3.1 Ausgangssituation im Frühjahr 2015

Das FQWG trat mit dem 01.01.2015 in Kraft. Seit diesem Zeitpunkt gilt ein allgemeiner Beitragssatz von 14,6%. Der GKV- Spitzenverband geht davon aus, dass es durch die Absenkung des allgemeinen Beitragssatzes innerhalb der GKV zu Einnahmenverlusten von 11 Mrd. Euro, bei gleichzeitigem Anstieg der Leistungsausgaben kommen wird. Die entstehende Finanzierungslücke wird von den Krankenkassen durch die Erhebung von Zusatzbeiträgen geschlossen. Am 01.01.2015 gibt es 124 gesetzliche Krankenkassen. Davon sind bundesweit 41 geöffnet, 51 nur in einzelnen Bundesländern wählbar, 31 geschlossene Betriebskrankenkassen, sowie die Sozialversicherung für Landwirtschaft, Forsten und Gartenbau (SVLFG).[99] Einen Zusatzbeitrag erheben zurzeit 121 Krankenkassen.[100]

3.2 Beschreibung der Stichprobe und Auswahlverfahren für die Kassenbefragung

Um Erkenntnisse über das Wettbewerbsverhalten im GKV Markt zu erhalten ist eine Erhebung bei den im Wettbewerb stehenden Krankenkassen notwendig.
Der Gesamtmarkt der GKV besteht wie oben dargestellt aus 124 Krankenkassen. Wettbewerb besteht nur, wenn eine Wahl für den Kunden besteht. Dies ist bei den regional und bundesweit geöffneten Krankenkassen der Fall. Sie bilden somit den Grundstock der Stichprobe. Die Versicherung bei der SVLFG kommt nicht durch ein Kassenwahlrecht zu Stande, sondern der Versicherungsschutz besteht verpflichtend

[99]GKV Spitzenverband: http://www.gkv-spitzenverband.de/service/versicherten_service/krankenkassenliste/krankenkassen.jsp?pageNo=2&filter=18#krankenkassen (27.01.2015)
[100] Stand 01.03.2015

für landwirtschaftliche Unternehmer und deren Familienangehörige. Die SVLFG steht somit nicht im Wettbewerb mit den anderen Krankenkassen und bleibt bei der Erhebung außer Betracht.

Die geschlossenen BKKn können zwar nur von Angehörigen des Betriebes gewählt werden, jedoch können Mitglieder der geschlossenen BKKn jede andere geöffnete Krankenkasse wählen. Damit stehen Sie im Wettbewerb mit den bundesweit und regional geöffneten Krankenkassen und werden bei der Erhebung berücksichtigt. Die Stichprobe beläuft sich somit auf 123 Krankenkassen.

Es ist anzunehmen, dass über Unternehmensstrategien und Grundsatzentscheidungen zu Beitrags- und Kommunikationspolitik die Vorstände der Krankenkassen die qualitativ besten Auskünfte geben können. Da es sich darüber hinaus um marketingspezifische Fragestellungen handelt sind bei den Bereichsleitern für Marketing ebenfalls qualitativ gute Auskünfte zu erwarten. Die Vorstände oder die Ansprechpartner für das Marketing wurden über das Impressum auf den Webseiten der Stichproben identifiziert.

3.2.1 Pre-Test

Der eingesetzte Fragebogen wurde im Rahmen eines Pre-Testes auf Verständlichkeit, Zeitaufwand und Schwierigkeiten bei der Beantwortung geprüft. Die Teilnehmer gehören zur mittleren Managementebene einer großen Betriebskrankenkasse. Daher ist von Expertenwissen auszugehen. Die Verständlichkeit wurde als gut bewertet, Schwierigkeiten bei der Beantwortung traten nicht auf, einzelne Verbesserungen in der Gestaltung wurden umgesetzt. Es wurden jedoch Bedenken geäußert, ob die Befragten gerade bei den Wettbewerbsstärken und der Ausrichtung der Werbung detaillierte Unternehmensinterna "Preis geben". Dieses Risiko wurde mit Zusicherung der Anonymität der Befragung im Anschreiben berücksichtigt. Das bestehende Restrisiko wurde in Kauf genommen.

3.2.2 Operationalisierung der Kassenbefragung

Kernbereiche der Untersuchung sind die Wettbewerbstrategien, die Beitrags- und Kommunikationspolitik der Krankenkassen. Bei der Operationialisierung bildet die Befragung von Haenecke die Grundlage.[101] Diese wurde in vielen Bereichen analog übernommen. Bei den Unternehmenszielen wurde der Indikator Sicherung des Kassenfortbestandes konkretisiert und das Unternehmensziel Erhöhung der Kundenzufriedenheit ergänzt. Die Wettbewerbstärken wurden für die eigene Befragung gekürzt. Die endgültige Operationalisierung zeigt nachfolgende Tabelle:

Operationalisierung der Wettbewerbstrategie

Konstrukt	Dimension	Kategorie	Indikatoren
Wettbewerbstrategie (Wettbewerbsgerichtete Verhaltenstrategie)	Marketingziele	Quantitative Ziele	- Vermeidung Fusion - Halten d. Mitglieder/ Versichertenzahl - Erhöhen Mitglieder/ Versichertenzahl - Verbesserung Versicherungsstruktur - Erlangung Macht und Einfluss auf den Markt - Erhöhung der Einnahmen pro Mitglied - Reduktion der Ausgaben pro Mitglied - Halten Zusatzbeitrag - Senken des Zusatzbeitrages
		Qualitative Ziele	- Erhaltung Schaffung von Arbeitsplätzen - Positionierung als attraktiver Arbeitgeber - Erlangung von Einfluss auf politische Entscheidungen - Verbesserung der medizinischen Versorgung - Erhöhung der Kundenzufriedenheit

[101] Siehe: Haenecke: H.: 2001: S. 393ff

Wettbewerbstrategie (Wettbewerbsgerichtete Verhaltenstrategie)	Wettbewerbsvorteile	Kostenvorteil	- niedriger Zusatzbeitrag - stabiler Zusatzbeitrag - Verhandlungsvorteil durch Kassengröße - niedrige Verwaltungskosten
		Innovationsvorteil	- Vorreiter Rolle bei neuen Behandlungsmethoden
		Programmvorteil	- Großer Umfang an Zusatzleistungen - Bestes Angebot bei Wahltarifen - Erweiterte Versorgungsstrukturen durch eigene Verträge
		Qualitätsvorteil	- Enges GST Netz - Bester Service per Telefon und Internet - Ein Ansprechpartner für jeden Kunden - Hohe Kompetenz der Mitarbeiter - Berufs oder Betriebsnähe - Hohe Kundenzufriedenheit
		Markierungsvorteil	- Hohe Markenbekanntheit der KK - Positives Image
	Verhalten	Offensiv	- große Konfliktbereitschaft - Gezieltes übertreffen von Stärken der Konkurrenz - Ausnutzen der Schwäche der Konkurrenz
		Defensiv	- Niedrige Konfliktbereitschaft - Defensives Handeln - Suchen nach Nischen
		Anpassung	- Kopie von Stärken der Konkurrenz - Kooperation mit Konkurrenz
		Abhebung	- Gezieltes übertreffen von Stärken der Konkurrenz - Ausnutzen der Schwäche der Konkurrenz - systematische Beobachtung der Konkurrenz
	Konkurrenten	Branchenintern (GKV) Branchenfremd (PKV)	Frage 7 des Fragebogens

Operationalisierung der Beitragspolitik

Konstrukt	Dimension	Kategorie	Indikatoren
Beitragspolitik	Höhe des Beitrages	unterdurchschnittlich	- Zusatzbeitrag niedriger als 0,9%
		durchschnittlich	- Zusatzbeitrag gleich 0,9%
		überdurchschnittlich	- Zusatzbeitrag höher als 0,9%
	Motiv für Beitragsentscheidung	kostenorientiert	- Ausgaben müssen gedeckt sein - Empfehlung des Schätzerkreises wird gefolgt - Leistungsangebot soll erhalten bleiben - Serviceangebot soll erhalten bleiben
		marktorientiert	- Ausrichtung an Konkurrenz
	Verhalten bei Wettbewerbsverschlechterung	Erhebung/ Erhöhung	- Zusatzbeitrag wird erhoben/ erhöht
		Verzögerung	- Abbau von Finanzreserven - Einsparung bei Leistungsangebot - Einsparung bei den Verwaltungskosten
	Rahmenbedingungen	Politisch rechtliche Bedingungen	- es herrschen gleiche Wettbewerbsbedingungen - Stärke des Preiswettbewerbs - Höhe des Preissignals - Handlungsmöglichkeiten für Leistungserweiterung
		Ökonomische Bedingungen	entfällt
		Soziokulturelle Bedingungen	entfällt
		Soziodemografische Bedingungen	entfällt
		Technologische Bedingungen	entfällt

Operationalisierung der Kommunikationspolitik

Konstrukt	Dimension	Kategorie	Indikatoren
Kommunikationspolitik	Zielgruppe	ohne spezifisch	Frage 13 des Fragebogens
	Budget	Niedriger zum Vorjahr Gleich zum Vorjahr Erhöht zum Vorjahr	Frage 14 des Fragebogens
	Instrumente	Below the Line Kommunikation	- Einsatz von Verkaufsförderung - Einsatz von Event Marketing - Einsatz von Sponsoring - Einsatz von Direktmarketing - Einsatz von Public Relation - Einsatz von Messen und Ausstelllungen - Einsatz von Social Media
		Above the Line Kommunikation	- Einsatz von klassischer Werbung - Einsatz von Multimediawerbung
	Inhalt der Werbebotschaft	Beitrag	- Herausstellen eines niedrigen Beitrages - Herausstellen eines stabilen Beitrages - Herausstellen von solidem Wirtschaften
		Leistungen	- Herausstellen von Pflichtleistungen - Herausstellen von Zusatzleistungen
		Service	- Herausstellen des Serviceangebotes - Herausstellen der Mitarbeiterkompetenz

3.3 Beschreibung der Stichprobe und Auswahlverfahren für die Inhaltsanalyse der Webseiten

Mittels der Inhaltsanalyse sollen die Webseiten verschiedener Krankenkassen untersucht werden. Dabei sollen Unterschiede hinsichtlich der Werbestrategie für Neukunden zwischen Krankenkassen mit durchschnittlichem Beitragssatz[102] und unterdurchschnittlichem Beitragsatz untersucht werden. Eine Untersuchung aller Krankenkassen würde den Umfang dieser Arbeit überschreiten, daher ist eine Stichprobe zu ziehen.

Für die Inhaltsanalyse wurde eine bewusste Auswahl anhand des Merkmals, Beitragssatz, getroffen. Berücksichtigung in der Stichprobe sollte je Kassenart eine Kasse mit dem niedrigsten, durchschnittlichen und dem höchstem Beitragssatz innerhalb der Kassenart finden. Bei gleicher Höhe des Zusatzbeitrages innerhalb der Kassenart wurde die Krankenkasse mit der höchsten Versichertenzahl gewählt.

Bei den AOKen und Ersatzkassen erhebt keine Krankenkasse einen überdurchschnittlichen Zusatzbeitrag.
Die Nachfolgende Tabelle zeigt die ausgewählte Stichprobe:

Kassenart	Kassenname	Zusatzbeitragssatz
AOK	AOK plus	0,3%
	AOK Bayern	0,9%
EK	Hkk	0,4%
	BarmerGEK	0,9%
IKK	IKK Brandenburg	0,6%
	IKK Nord	0,9%
	IKK Südwest	1,2%
BKK	BKK Euregio	0,0%
	SBK	0,9%
	Brandenburgische BKK	1,3%

Tabelle 5: Stichprobe für die Inhaltsanalyse der Webseiten

[102] In diesem Sinne ist der durchschnittliche Beitragssatz seitens des Schätzerkreises gemeint

3.3.1 Operationalisierung der Inhaltsanalyse

Dimension	Kategorie	Ausprägung	Definition	Beispiel	Kodierregel	Code
Zielgruppe	Demografisch	Alter	Die Fundstelle weist einen Bezug zum Alter auf	Die Richtige Kasse für Menschen ab 25 Jahre	Wenn die Definition erfüllt ist wird die Fundstelle der Kategorie Demografisch mit der Ausprägung Alter zugewiesen	ZG 1
		Geschlecht	Die Fundstelle weist einen Bezug zum Geschlecht auf	KV für Frauen oder Männer	Wenn die Definition erfüllt ist wird die Fundstelle der Kategorie Demografisch mit der Ausprägung Geschlecht zugewiesen	ZG 2
		Familienstatus	Die Fundstelle weist einen Bezug zum Familienstatus auf	KV für Familien KV für Mütter	Wenn die Definition erfüllt ist wird die Fundstelle Kategorie Demografisch mit der Ausprägung Familienstatus zugewiesen	ZG 3
	sozioökonomisch	Beruf/ Branchenzugehörigkeit	Die Fundstelle weist einen Bezug zum beruflichen Status auf	KV für Arbeitnehmer KV für Studenten	Wenn die Definition erfüllt ist wird die Fundstelle der Kategorie Demografisch mit der Ausprägung Beruf zugewiesen	ZG 4
Zielsetzung		Neukundengewinnung Kundenbindung Imagepflege	Es wird unterstellt, dass die Zielsetzung Neukundengewinnung ist			

Content	Angebotsinhalte	Leistungen	Die Fundstelle weist einen Bezug zu den Leistungen auf	Sie profitieren von diesen Leistungen..	Wenn die Definition erfüllt ist wird die Fundstelle der Kategorie Angebotsinhalte mit der Ausprägung Leistungen zugewiesen	C 1
		Beitrag	Die Fundstelle weist einen Bezug zum Beitrag auf	Sie profitieren von niedrigen Beträgen Sie profitieren von stabilen Beiträgen	Wenn die Definition erfüllt ist wird die Fundstelle der Kategorie Angebotsinhalte mit der Ausprägung Beitrag zugewiesen	C 2
		Zusatzbeitrag	Die Fundstelle nennt die Höhe des Zusatzbeitrages		Wenn die Definition erfüllt ist wird die Fundstelle der Kategorie Angebotsinhalte mit der Ausprägung Zusatzbeitrag zugewiesen	C 3
		Service	Die Fundstelle weist einen Bezug zum Service auf	Schnelle Bearbeitung ihrer Leistungsanträge Sie haben einen persönlichen Ansprechpartner	Wenn die Definition erfüllt ist wird die Fundstelle der Kategorie Angebotsinhalte mit der Ausprägung Service zugewiesen	C 4

Content	Reason Why	Wirtschaftlich	Die Fundstelle nimmt Bezug auf einen monetären Vorteil	Sie sparen...	Wenn die Definition erfüllt ist wird die Fundstelle der Kategorie Reason Why mit der Ausprägung wirtschaftlich zugewiesen	RW 1
		Emotional	Die Fundstelle enthält Bezüge zu Gefühlen (Sportlichkeit, Unabhängigkeit, Sicherheit, Gesundheit, Prestige, Tradition)	Unsere Kasse unterstützt Sie dabei Gesund zu bleiben Unsere Kasse unterstützt Sie bei ihrer sportlichen Aktivität	Wenn die Definition erfüllt ist wird die Fundstelle der Kategorie Reason Why mit der Ausprägung emotional zugewiesen	RW 2
		sozial	Die Fundstelle nimmt Bezug auf die Zughörigkeit zu einer sozialen Gruppe	Teil der Gemeinschaft XY	Wenn die Definition erfüllt ist wird die Fundstelle der Kategorie Reason Why mit der Ausprägung sozial zugewiesen	RW 3
Gestaltung	Farbauswahl Typografie Abbildungen Hervorhebungen	Soll nicht weiter untersucht werden da zu subjektiv				

4. Ergebnisse

4.1. Ergebnisse der empirischen Studien

Insgesamt konnten acht Studien und Umfrageergebnisse identifiziert werden, die sich mit dem Wechselverhalten aufgrund von Zusatzbeiträgen beschäftigen. Die identifizierten Quellen zeigt nachfolgende Tabelle:

Quellen:
Gabel B./ Opitz F.: Kundenbindung bei den Krankenkassen: Verschenktes Potential. Aktuelle Ergebnisse des M + M Versichertenbarometers 2013. Management + Marketing GmbH. 2013
Kochanczyk, M./ Lux, G./ Matusiewicz, D./ Wasem, J.: Kassenpatriotismus? Eine empirische Analyse zum Wechselverhalten in der Gesetzlichen Krankenversicherung. In: Gesundheits-monitor. 2012
Paquet, R./ Stein, M.:GKV-Mitglieder: preissensibel und leistungsbewusst. In: Die BKK, Heft 05/2008, S. 274 - 280
(o.A.): Aktuelle Krankenkassenreform 2014. So denken die Deutschen darüber!, Köln: Heute und Morgen GmbH, 2014
(o.A.) Kassenbindung der gesetzlich Krankenversicherten. Ergebnisse einer Repräsentativbe-fragung. mindline media. 2009
Schumacher, N./ Baldeweg, R./ Wallraven, J./ Schülke, F.: GKV im Wettbewerb: Was ist wirk-lich relevant?. PricewaterhouseCoopers AG (Hrsg.). 2012
Töpfer, A. M+M Versichertenbarometer. Kundenzufriedenheit und -bindung im Urteil der Versi-cherten. Studienbericht 2011. Management + Marketing GmbH. Kassel. 2011
Zok, K. Reaktionen auf Zusatzbeiträge in der GKV. Ergebnisse einer Repräsentativ-Umfrage. In: Widomonitor, Ausgabe 1/2011, S. 1 - 8

Tabelle 6: Identifizierte Quellen für Studien zum Wechselverhalten auf Grund Zusatzbeiträgen

4.1.1 Wechselabsicht bei Zusatzbeitrag

Vier Studien liefern Erkenntnisse zur Wechselbereitschaft bei Erhebung eines Zusatzbeitrages. Die Ergebniss sind in der nachfolgenden Tabelle dargestellt:

Befragungszeitpunkt	**Autor/Institution**	**Anteil Wechselwilli-ger**
02/03 2008	Paquet, R./ Stein, M.	35%
03/ 2009	Mindline	42%
12/ 2010	Zok, K.	29,2%
05/06 2014	Heute und Morgen	66%

Tabelle 7: Übersicht Anteil Wechselwilliger bei Erhebung Zusatzbeitrag ausgewählter Studien

Die Ergebnisse zeigen, dass ca. ein Drittel der Befragten im Falle eines Zusatzbeitrages bereit ist die Kasse zu wechseln.

4.1.2 Höhe des Preises der einen Wechsel auslöst

Vier Studien liefern Erkenntnisse über die Höhe des Preises der einen Wechsel auslöst. Die Ergebnisse zeigt die folgende Tabelle:

Befragungszeitpunkt	Autor/Institution	Ersparnis mtl. unter 10 €	Ersparnis mtl. ab 10 €	Ersparnis ab mtl. 20 €
02/03 2008	Paquet, R./ Stein, M.	K.a.	27%	50%
12/ 2010	Zok, K.	14,2 %	20,1%	25,7%
08/ 2011	Schumacher, N./ Baldeweg, R./ Wallraven, J./ Schülke, F.	39%	59%	77%
05/06 2014	Heute und Morgen[103]	37%	17%	12%

Tabelle 8: Ergebnisse ausgewählter Studien zur Höhe des Preises der Wechselabsicht auslöst

Die Ergebnisse zeigen, dass bereits eine geringe Beitragsersparnis von unter zehn Euro zu einer deutlichen Wechselabsicht führt.

4.1.3 Einflussfaktoren auf sinkende Wechselbereitschaft

Deutlicher Einflussfaktor auf eine sinkende Wechselbereitschaft hat das Alter der Befragten. Alle untersuchten Studien zeigen, dass mit zunehmenden Alter die Wechselbereitschaft abnimmt.

Befragungszeitpunkt	Autor/Institution	Alterseinteilung der Befragung in Jahren	Anteil Wechselwilliger
02/03 2008	Paquet, R./ Stein, M.	20 - 29	40%
		30 - 39	29%
03/ 2009	Mindline	14 - 49	48%
		50 - 59	24%
		60+	23%
12/ 2010	Zok, K.	< 40	39,9%
		40 - 59	31,9%
		60+	17,2%
05/06 2014	Heute und Morgen	18 - 29	75%
		30 - 39	70%
		40 - 49	68%
		50 - 59	61%
		60 - 65	52%

Tabelle 9: Ergebnisse ausgewählter Studien zur Wechselbereitschaft nach Alter

Die Untersuchung von Zok aus dem Jahr 2010 liefert Erkenntnisse über sozioökonomische Merkmale von Wechslern. Die Untersuchung ergab, dass die Bereitschaft die Krankenkasse zu wechseln mit der Schulbildung und dem Einkommen der Versi-

[103] Bei Heute und Morgen, war nach einer jährlichen Ersparnis gefragt. Diese wurde vom Autor auf eine monatl. Ersparnis runtergerechnet.

cherten steigt. Die Befragten die ihren subjektiven Gesundheitszustand als nicht gut einschätzen, sowie Befragte mit chronischen Erkrankungen, Behinderungen oder Pflegebedürftigkeit, sind weniger wechselbereit.[104]

Für den Verbleib bei einer Krankenkasse konnten darüber hinaus Zufriedenheit mit dem Leistungs- und Serviceangebot identifiziert werden. Bei Paquet und Stein schließen 34% der Befragten einen Wechsel auf Grund des Zusatzbeitrages aus, wenn sie mit dem Service und den Leistungen sehr zufrieden sind. Bei Unzufriedenheit mit dem Service bzw. mit den Leistungen schließen nur 11% bzw. 6% einen Wechsel aus.[105]Auch die Untersuchungen pwc, Mindline und Zok zeigen dass Zufriedenheit mit dem Service und den Leistungen die Wechselwahrscheinlichkeit senken.[106]

4.2 Ergebnisse der Kassenbefragung

4.2.1 Vorgehen im Rahmen der Auswertung

Die Fragebögen wurden mittels Bildschirminterview in das Programm grafstat4 übertragen. Grafstat4 liefert bereits in der Grundauswertung die absoluten Häufigkeiten, Mittelwerte und den Median. Die Ergebnisse wurden je nach Art der Frage anhand der abhängigen Variablen (Höhe Zusatzbeitrag, Kassenart und Kassengröße) gefiltert. Die gefilterten Werte wurden dann in Excel Tabellen übertragen um mit Hilfe einer Kreuztabellierung Zusammenhänge herauszuarbeiten. Anschließend erfolgte ggf. noch eine grafische Darstellung.

[104] Vgl. Zok,K.: 2010. S. 4
[105] Vgl. Paquet, R./ Stein, M.: 2008. S. 277
[106] Vgl. Schumacher, N./ Baldeweg, R./ Wallraven, J./ Schülke, F.: 2012. S.26 u. 28; (o.A.) mindline media: 2009. S. 7; Zok, K.: 2011. S. 6

4.2.2 Ergebnisse zu den Unternehmenszielen

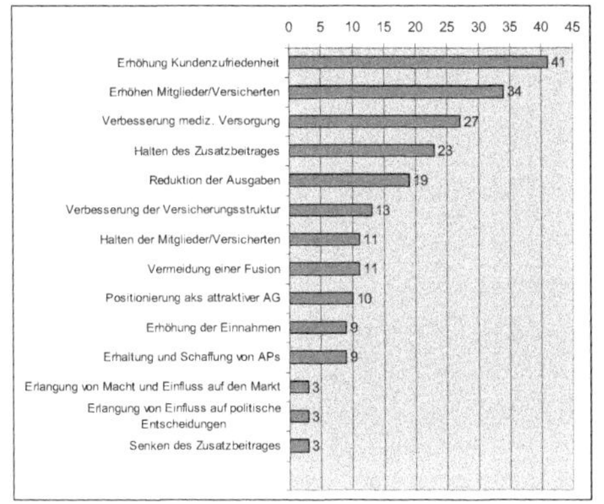

Abbildung 1: Ziele von Krankenkassen (Quelle: Auswertung von 50 Fragebögen. Eigene Darstellung)

Als wichtigstes Unternehmensziel nennen die Befragten die Erhöhung der Kundenzufriedenheit. Es folgen Wachstum und die Verbesserung der medizinischen Versorgung. An vierter Stelle steht das Ziel "Halten des Zusatzbeitrages". Auf Platz fünf liegt die Reduktion der Ausgaben pro Mitglied/ Versicherten. Als weitere Unternehmensziele wurden genannt: finanzielle Stabilität, angemessener Deckungsbeitrag, persönlicher Service, schnelle Leistungsgewährung, enge Verbundenheit Trägerbetrieb, Mehrwert für Trägerunternehmen, systematische betriebliche Gesundheitsförderung, Gestaltung Gesundheitsmanagement beim Träger und Festigung sowie Erhöhung der Mitarbeiterzufriedenheit.

4.2.3 Vergleich der Unternehmensziele nach Höhe des Zusatzbeitrages

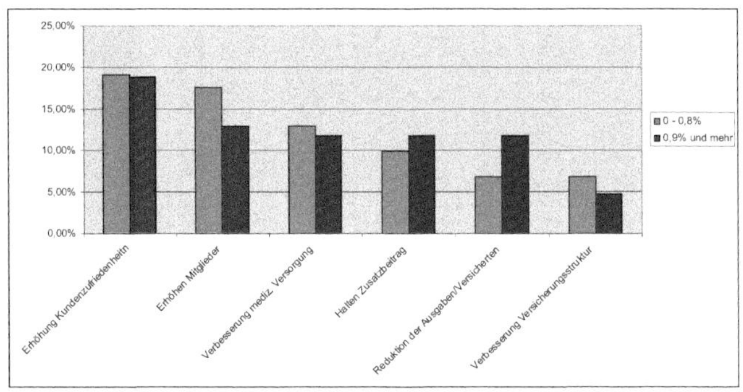

Abbildung 2: Vergleich der wichtigsten 5 Unternehmensziele nach Höhe des Zusatzbeitrages (Quelle: Eigene Darstellung basierend auf Tabelle 18)

Die Erhöhung der Kundenzufriedenheit ist unabhängig von der Höhe des Zusatzbeitrages, das wichtigste Unternehmensziel. Für Kassen mit niedrigen Zusatzbeiträgen ist die Erhöhung der Mitgliederzahl ebenfalls von hoher Bedeutung und wichtiger als bei Kassen mit höheren Zusatzbeiträgen. Die Verbesserung der medizinischen Versorgung und die Verbesserung der Versicherungsstruktur ist ihnen ebenfalls wichtiger als den Kassen mit höheren Zusatzbeiträgen. Es fällt auf, dass Kassen mit höheren Zusatzbeiträgen, abgesehen von der Erhöhung der Kundenzufriedenheit, den wichtigsten Unternehmenszielen in etwa gleich hohe Priorität einräumen.

4.2.4 Ergebnisse zur Veränderung der strategischen Ausrichtung auf Grund des FQWG

Keine Kasse gab an die strategische Ausrichtung auf Grund des GKV-FQWG geändert zu haben. Zwei Kassen gaben an, dass die Frage nicht beantwortbar ist, da keine strategische Ausrichtung vorhanden ist. Als offene Nennungen wurden genannt: Stärkere Fokussierung auf Networking und Beitragssatzrelevanz in Vermarktung betont.

4.2.5 Ergebnisse zu den Wettbewerbstärken

Ihre Stärken[107] im Vergleich zum Wettbewerb sehen die Befragten beim Preis-Leistungs-Verhältnis, der Mitarbeiterkompetenz, ihrem Umfang an Zusatzleistungen, der Betriebs- bzw. Berufsnähe und das sie einen Ansprechpartner für jeden Kunden besitzen.

Als Schwächen,[108] im Vergleich zum Wettbewerb, werden die Verhandlungsvorteile durch die Kassengröße, das Wahltarifangebot und die Vorreiter- Rolle bei neuen Behandlungsmethoden wahrgenommen.[109]Es bestehen also drei Qualitätsvorteile und ein Programmvorteil. Als weitere besondere Eigenschaften wurden genannt: Hohe Bekanntheit und Image in der Unternehmensgruppe, Prävention (Gesundheitskasse), Kindergesundheit, Versorgungsinnovation und kein Callcenter, kurze Reaktionszeit und schnelle Entscheidungen.

[107] Als Stärke wird ein Ergebnis des Mittelwertes >= 4 gewertet
[108] Als Schwäche wird ein Ergebnis des Mittelwertes < 3 gewertet
[109] Vgl. Eigene Quelle: Tabelle 19

4.2.6 Vergleich der Wettbewerbstärken nach Höhe des Zusatzbeitrages

Hypothese 1_0: Es gibt keinen Zusammenhang zwischen der Höhe des Zusatzbeitrages und Programmvorteilen.

Hypothese 2_0: Es gibt keinen Zusammenhang zwischen der Höhe des Zusatzbeitrages und Qualitätsvorteilen.

Hypothese 3_0: Es gibt keinen Zusammenhang zwischen der Höhe des Zusatzbeitrages und Innovationsvorteil Vorreiterrolle bei neuen Behandlungsmethoden.

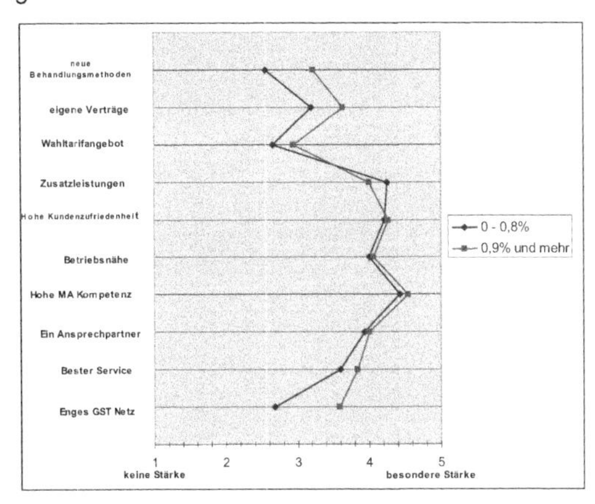

Abbildung 3: Ausgewählte Wettbewerbstärken nach Höhe des Zusatzbeitrages (Quelle: Eigene Darstellung basierend auf Tabelle 20

Die Ergebnisse zeigen, dass Kassen mit höheren Zusatzbeiträgen ihrer Ansicht nach beim Angebot an Wahltarifen und eigenen Verträgen größere Wettbewerbstärken besitzen als Kassen mit niedrigen Zusatzbeiträgen. Das Zusatzleistungsangebot wird jedoch von Kassen mit niedrigen Zusatzbeiträgen als größere Stärke bewertet. Hypothese 1_0 kann somit nicht bestätigt werden. Es gelten somit folgende H_1- Hypothesen:

Ergebnis Programmnachteile (Hypothese 1)
1. Kassen mit höheren Zusatzbeiträgen haben Programmvorteile im Wahltarifangebot und erweiterte Versorgungsstrukturen durch eigene Verträge.
2. Kassen mit niedrigen Zusatzbeiträgen haben einen Programmvorteil beim Umfang des Zusatzleistungsangebotes.

Die Ergebnisse bei den Qualitätsvorteilen zeigen, dass Kassen mit höheren Zusatzbeiträgen Stärken beim den persönlichen und telefonischen Service sowie ein enges Geschäftsstellennetz besitzen. Bei den restlichen Qualitätsvorteilen zeigen sich keine Zusammenhänge Es gelten somit folgende H_1- Hypothesen:

Ergebnis Qualitätsnachteile (Hypothese 2)
1. Es gibt keinen Zusammenhang zwischen der Höhe des Zusatzbeitrages, der Kundenzufriedenheit, Betriebsnähe, Mitarbeiterkompetenz und einem Ansprechpartner für jeden Kunden. **2.** Kassen mit niedrigem Zusatzbeitrag haben Qualitätsnachteile beim telefonischen und persönlichen Service und der Enge des Geschäftstellennetzes.

Der Innovationsvorteil Vorreiter Rolle bei neuen Behandlungsmethoden wird bei Kassen mit höheren Zusatzbeiträgen eher als Stärke wahrgenommen.
Es gilt somit folgende H_1 Hypothese:

Ergebnis Innovationsnachteil (Hypothese 3)
Kassen mit niedrigem Zusatzbeitrag haben einen Innovationsnachteil bei der Vorreiterrolle von neuen Behandlungsmethoden.

4.2.7 Ergebnisse zum Wettbewerbsverhalten

Die Ergebnisse aller Kassen zeigen hohe Zustimmungswerte zu den Aussagen "Wir bauen Stärken auf, wo unsere Konkurrenten Schwächen haben", "Beobachtung und Analyse der Hauptkonkurrenten" und "Wir suchen nach Nischen".

Niedrige Zustimmungswerte zeigen sich bei den Aussagen "Wir gehen Konflikten aus dem Weg", "Kopieren von Stärken" und "Kooperation mit unseren Hauptkonkurrenten".[110]

[110] Vgl. Eigene Quelle: Tabelle 21

4.2.8 Vergleich der Ergebnisse zum Wettbewerbsverhalten nach Höhe des Zusatzbeitrages

Hypothese 9_0: Es gibt keinen Zusammenhang zwischen der Höhe des Zusatzbeitrages und der Konfliktbereitschaft gegenüber. der Konkurrenz.

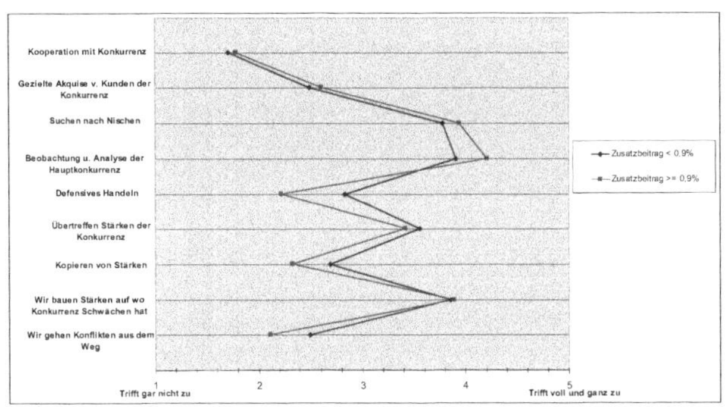

Abbildung 4: Vergleich des Wettbewerbsverhaltens nach Höhe des Zusatzbeitrag (Quelle: Eigene Darstellung basierend auf Tabelle 21)

Die Ergebnisse zeigen, Kassen mit Zusatzbeiträgen von ≥ 0,9% stimmen weniger den Aussagen "Kopieren von Stärken", "Wir handeln eher defensiv als offensiv" und "Wir gehen Konflikten aus dem Weg" zu, als Kassen mit Zusatzbeiträgen unterhalb von 0,9%. Sie beobachten und analysieren mehr ihre Hauptkonkurrenten als Kassen mit niedrigem Zusatzbeitrag. Trotz einer leicht höheren Zustimmung zu der Aussage "Wir suchen nach Nischen" verhalten sich Kassen mit höheren Zusatzbeiträgen damit offensiver als Kassen mit niedrigen Zusatzbeiträgen. Damit ergibt sich folgende H_1-Hypothese:

Ergebnis Konfliktbereitschaft (Hypothese 9)

Kassen mit hohem Zusatzbeitrag sind konfliktbereiter gegenüber der Konkurrenz.

4.2.9 Ergebnisse zu den Hauptkonkurrenten

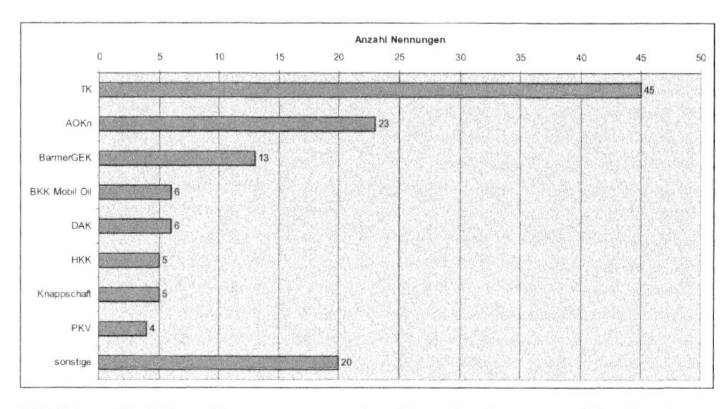

Abbildung 5: Offene Nennungen zu den Hauptkonkurrenten(Quelle: Auswertung von 127 Antworten. Eigene Darstellung)

Mit Abstand am häufigsten wird die Techniker Krankenkasse genannt, es folgen die AOKn und die BarmerGEK. Die PKV spielt nur eine untergeordnete Rolle.

4.2.10 Vergleich der Hauptkonkurrenten nach Höhe des Zusatzbeitrages

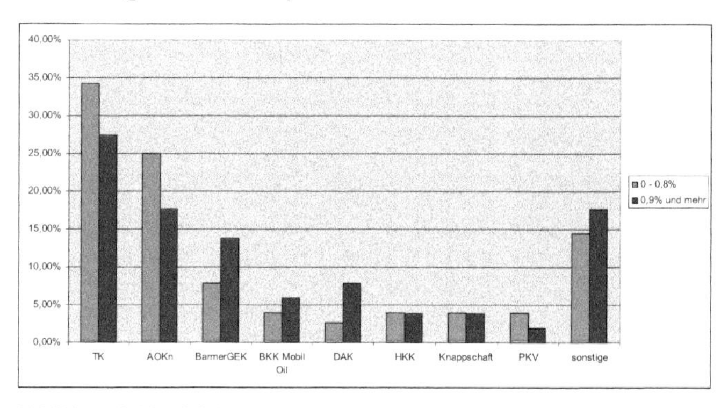

Abbildung 6: Vergleich der Hauptkonkurrenten nach Höhe des Zusatzbeitrages (Quelle: Eigene Darstellung basierend auf Tabelle 23)

Kassen mit niedrigem Zusatzbeitrag nennen prozentual häufiger die Techniker Krankenkasse und die AOKn als Hauptkonkurrenten. Kassen mit einem Zusatzbeitrag von 0,9% und mehr nennen prozentual häufiger die BarmerGEK, die DAK und BKK Mobil Oil als Hauptkonkurrenten.

4.2.11 Ergebnisse zu den Motiven für die Beitragsfestlegung

Im Gesamtergebnis haben folgende Positionen hohen Einfluss auf die Festsetzung des Beitragssatzes: Langfristig stabiler Beiträge, die eigenen Ausgaben müssen gedeckt sein und Leistungskürzungen vermeiden. Geringen Einfluss haben die Positionen Zusatzbeitrag niedriger als die Konkurrenz und Zusatzbeitrag in gleicher Höhe wie die Konkurrenz. Die restlichen Aussagen haben mittlere Bedeutung.[111]Andere Positionen wurden nicht genannt.

4.2.12 Vergleich der Motive für die Beitragsfestlegung nach Höhe des Zusatzbeitrages

Hypothese 4_0: Es gibt keinen Zusammenhang zwischen der Höhe des Zusatzbeitragssatzes und dem Motiv Vermeidung von Leistungskürzungen.
Hypothese 5_0: Es gibt keinen Zusammenhang zwischen der Höhe des Zusatzbeitragssatzes und dem Motiv Qualität hat ihren Preis.

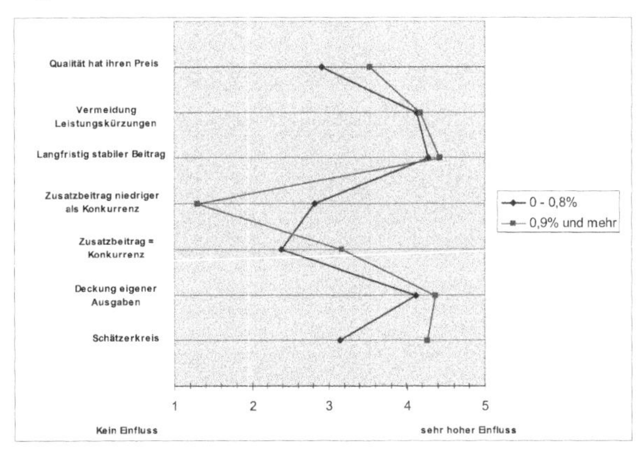

Abbildung 7: Motive für die Beitragsfestsetzung nach Höhe des Zusatzbeitrages (Quelle: Eigene Darstellung basierend auf Tabelle 24)

Die Ergebnisse zeigen, dass das Motiv Leistungskürzungen zu vermeiden unabhängig von der Höhe des Zusatzbeitrages einen hohen Einfluss hat. Die Gültigkeit der Hypothese 4_0 kann somit angenommen werden.

[111] Vgl. Eigene Quelle: Tabelle 24.

Ergebnis Leistungskürzungen werden in Kauf genommen (Hypothese 4)
Es gibt keinen Zusammenhang zwischen der Höhe des Zusatzbeitragssatzes und dem Motiv Vermeidung von Leistungskürzungen.

Die Ergebnisse zeigen, dass das Motiv "Qualität hat ihren Preis" bei Kassen mit höherem Zusatzbeitrag hohe Bedeutung und bei Kassen mit niedrigem Zusatzbeitrag nur mittlere Bedeutung hat. Es kann somit folgende H_1-Hypothese angenommen werden:

Ergebnis Qualität hat ihren Preis (Hypothese 5)
Bei der Beitragsfestsetzung ist Kassen mit niedrigem Zusatzbeitrag die Qualität nicht so wichtig gewesen, wie Kassen mit höherem Zusatzbeitrag.

4.2.13 Ergebnisse zum Verhalten bei Verschlechterung der Wettbewerbsposition

Im Gesamtergebnis wird eine frühzeitige Erhöhung des Zusatzbeitrages und Einsparungen bei den Verwaltungskosten als mittelmäßig geeignet eingestuft. Etwas mehr geeignet wird der Abbau von Finanzreserven, etwas weniger geeignet Leistungskürzungen zur Vermeidung eines Zusatzbeitrages angesehen.[112]
Als andere Vorgehensweisen wurden genannt: Aufrechterhaltung eines attraktiven Serviceangebotes ist wichtiger als das Leistungsangebot und Kombination der Vorgehensweisen.

4.2.14 Vergleich des Verhaltens nach Höhe des Zusatzbeitrages

Hypothese 6_0: Es gibt keinen Zusammenhang zwischen der Höhe des Zusatzbeitrages und der Absicht einen Zusatzbeitrag durch Leistungskürzungen zu vermeiden.

Hypothese 8_0: Es gibt keinen Zusammenhang zwischen der Höhe des Zusatzbeitrages und der Absicht einen Zusatzbeitrag zu vermeiden.

[112] Vgl. Eigene Quelle: Tabelle 25

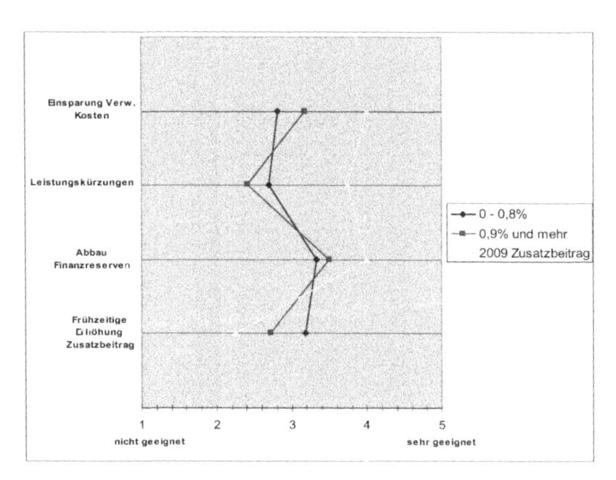

Abbildung 8: Verhalten bei Wettbewerbsverschlechterung nach Höhe des Zusatzbeitrages (Quelle: Eigene Darstellung basierend auf Tabelle 25)

Die Ergebnisse zeigen, dass Kassen mit niedrigen Zusatzbeiträgen Leistungskürzungen für geeigneter halten als Kassen mit höheren Zusatzbeiträgen.
Es ist somit folgende H_1- Hypothese anzunehmen:

Ergebnis Bereitschaft zu Leistungskürzungen (Hypothese 6)
Kassen mit niedrigem Zusatzbeitrag sind eher bereit Leistungen für den Erhalt des Zusatzbeitrages zu kürzen.

Die Ergebnisse zeigen, dass Kassen mit niedrigen Zusatzbeiträgen eine frühzeitige Erhöhung des Zusatzbeitrages eher geeignet halten, als Kassen mit höheren Beiträgen. Kassen die 2009 bereits einen Zusatzbeitrag erheben mussten, halten eine frühzeitige Erhöhung für wesentlich weniger geeignet als der Rest der Kassen.
Es ist somit von folgender H_1-Hypothese auszugehen:

Ergebnis Bereitschaft Erhöhung Zusatzbeitrag (Hypothese 8)
Kassen mit hohem Zusatzbeitrag wollen eine Erhöhung des Zusatzbeitrages eher vermeiden, als Kassen mit niedrigem Zusatzbeitrag.

4.2.15 Ergebnisse zu den Zielgruppen für Werbemaßnahmen

61% der befragten Kassen konzentrieren ihre Werbemaßnahmen auf bestimmte Zielgruppen. Die offenen Nennungen zu den Zielgruppen zeigt nachfolgende Abbildung:

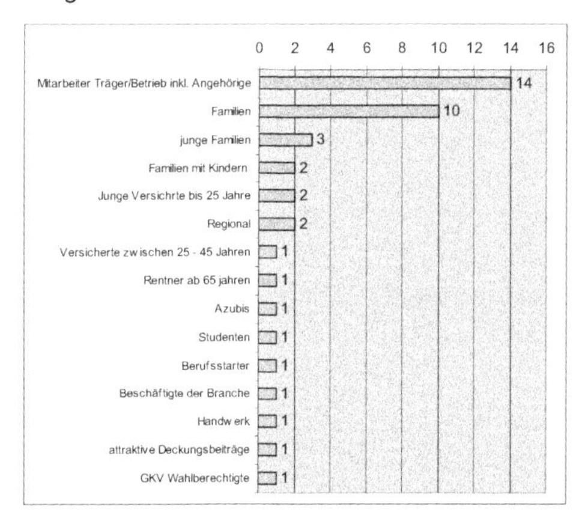

Abbildung 9: Offene Nennungen für Zielgruppen der Werbemaßnahmen (Quelle: Auswertung von 42 Antworten. Eigene Darstellung)

4.2.16 Ergebnisse zur Entwicklung des Werbebudgets

Hypothese 12_0: Es gibt keinen Zusammenhang zwischen der Höhe des Zusatzbeitrages und der Erhöhung des Werbebudgets.

Die Gesamtergebnisse zeigen, dass das Werbebudget im Vergleich zum Vorjahr eher gleich geblieben ist. Je niedriger der Zusatzbeitrag desto eher wurde das Werbebudget erhöht.[113]Es gilt somit folgende H_1- Hypothese:

Ergebnis zur Erhöhung des Werbebudgets (Hypothese 12)
Kassen mit niedrigem Zusatzbeitrag haben ihr Werbebudget erhöht.

4.2.17 Ergebnisse zur Bedeutung der Marketinginstrumente

Hohe Bedeutung hat die Persönliche Kommunikation als Marketinginstrument. Es folgen Direktkommunikation, Öffentlichkeitsarbeit und Multimediawerbung. Die klassische Mediawerbung hat nur mittlere Bedeutung.

[113] Vgl. Eigene Quelle: Tabelle 26

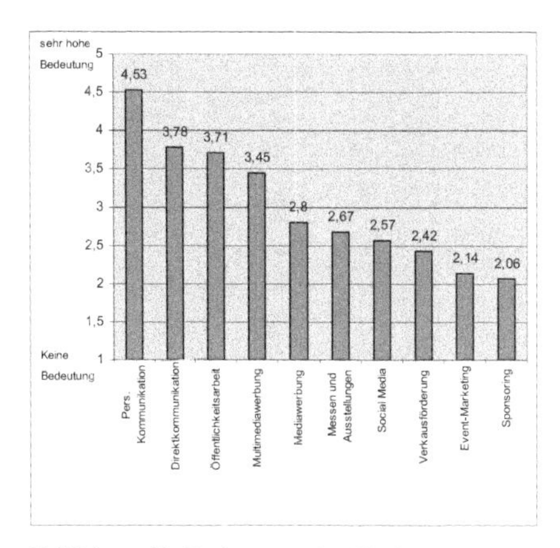

Abbildung 10: Bedeutung der Marketinginstrumente (Quelle: Eigene Darstellung basierend auf Tabelle 27)

4.2.18 Bedeutung der Marketinginstrumente nach Höhe des Zusatzbeitrages

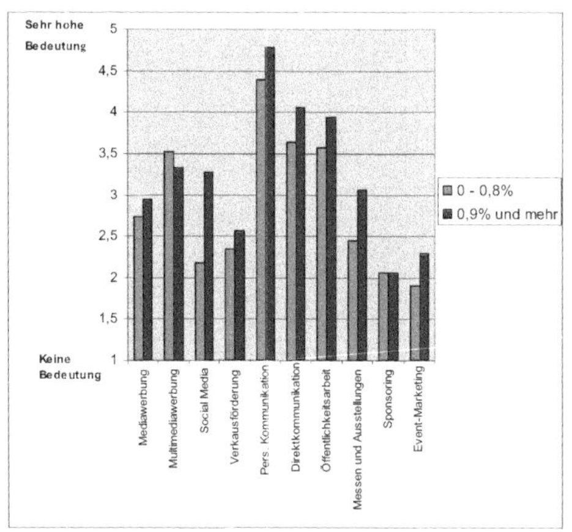

Abbildung 11: Bedeutung der Marketinginstrumente nach Höhe des Zusatzbeitrages (Quelle: Eigene Darstellung basierend auf Tabelle 28)

Die Bedeutung der meisten Marketinginstrumente ist bei Kassen mit Zusatzbeiträgen ab 0,9% höher als bei Kassen mit niedrigerem Beitrag. Am deutlichsten ist der Unterschied beim Einsatz von Social Media. Ausnahme bildet die Multimediawerbung. Sponsoring hat unabhängig von der Höhe des Zusatzbeitrages wenig Bedeutung.

4.2.19 Ergebnisse zu den Werbebotschaften nach Höhe des Zusatzbeitrages

Hypothese 13_0: Es gibt keinen Zusammenhang zwischen der Höhe des Zusatzbeitrages und dem Inhalt der Werbebotschaft.

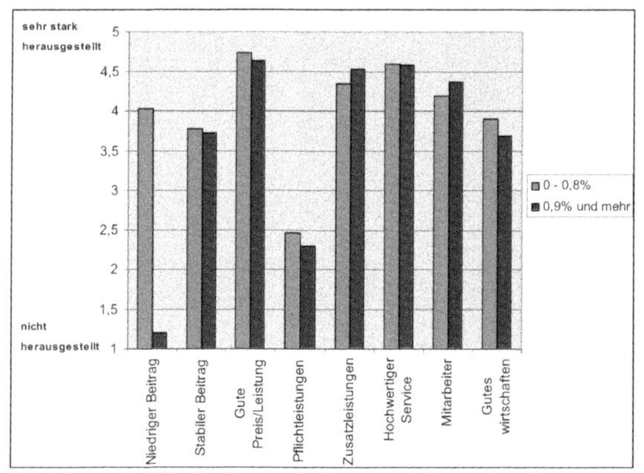

Abbildung 12: Werbeeigenschaften nach Höhe des Zusatzbeitrages (Quelle: Eigene Darstellung basierend auf Tabelle 28)

Kassen mit Zusatzbeiträgen von 0 - 0,8% stellen den niedrigen Beitrag stark heraus. Sie stellen darüber hinaus ein gutes Preis-Leistungsverhältnis und gutes Wirtschaften mit Versichertengeldern stärker heraus als Kassen mit höheren Zusatzbeiträgen. Kassen mit Zusatzbeiträgen ab 0,9% stellen Zusatzleistungen und ihre Mitarbeiter stärker heraus. Es somit von folgenden H_1-Hypothesen auszugehen:

Ergebnisse zum Inhalt der Werbebotschaft (Hypothese 13)

1. Kassen mit niedrigem Zusatzbeitrag werben stärker mit dem Beitrag, als Kassen mit höherem Zusatzbeitrag.

2. Kassen mit höherem Zusatzbeitrag werben stärker mit Zusatzleistungen und Mitarbeitern als Kassen mit niedrigem Zusatzbeitrag.

4.2.20 Ergebnisse zur Änderung der Werbestrategie

Ein Drittel der Befragten hat angeben die Werbestrategie gegenüber 2014 geändert zu haben. Von vierzehn Kassen die Ihre Werbestrategie verändert haben sind zehn Kassen mit Zusatzbeiträgen unter 0,9%. Die offenen Nennungen finden sich im Anhang.

4.2.21 Ergebnisse zu den Rahmenbedingungen

Hypothese 7_0: Die Handlungsmöglichkeiten für die Einführung neuer Leistungen haben sich mit Einführung des FQWG nicht verändert.

Hypothese 10_0: Die Stärke des Preissignals hat sich durch die neuen Zusatzbeiträge nicht verändert.

Die Auswertung der Mittelwerte aller Befragten ergibt, dass der Wettbewerb eher ungerechter geworden ist. Die Entwicklung des Preiswettbewerbs wird nach Ansicht der Befragten wenig zunehmen. Die Stärke des Preissignals hat sich nicht verändert. Die Handlungsmöglichkeiten für die Einführung von neuen Leistungen hat durch die Zusatzbeiträge wenig abgenommen.[114]

Ergebnis zu den Handlungsmöglichkeiten für die Einführung neuer Leistungen (Hypothese 7)

Die Handlungsmöglichkeiten für die Einführung neuer Leistungen haben sich durch das FWQG nur wenig verschlechtert.

Ergebnis zum Preissignal (Hypothese 10)

Die Stärke des Preissignals hat sich durch die neuen Zusatzbeiträge nicht verändert.

4.2.22 Vergleiche zu den Rahmenbedingungen nach Höhe Zusatzbeitrag

Hypothese 11_0: Es gibt keinen Zusammenhang zwischen der Höhe des Zusatzbeitrages und der Entwicklung der Wettbewerbsbedingungen. Unabhängig vom Zusatzbeitrag wird der Wettbewerb innerhalb der GKV nach Einführung des FQWG als ungerechter empfunden. Kassen mit Zusatzbeiträgen von über 1,0% beurteilen die Veränderung des Wettbewerbs jedoch deutlich ungerechter.[115]

Die Entwicklung des Preiswettbewerbes wird nach Meinung der Befragten unabhängig von der Höhe des Zusatzbeitrages wenig zunehmen. Kassen mit niedrigem Zusatzbeitrag gehen von einer stärkeren Zunahme aus, als Kassen mit hohem Zusatz-

[114] Vgl. Eigene Quelle: Tabelle 30
[115] Vgl. Eigene Quelle: Tabelle 31

beitrag.[116] Kassen mit niedrigen Zusatzbeiträgen schätzen die Stärke des Preissignals der Zusatzbeiträge höher ein, als Kassen mit höherem Zusatzbeitrag.
Die Handlungsmöglichkeiten für die Einführung neuer Leistungen haben für Kassen mit höheren Zusatzbeiträgen stärker abgenommen als für Kassen mit niedrigen Zusatzbeiträgen. Es gilt folgende H_1-Hypothese:

Ergebnis zu den Wettbewerbsbedingungen (Hypothese 11)
Der Wettbewerb wird von Kassen von Zusatzbeiträgen von über 1,0% als ungerechter empfunden als dem Rest der Befragten.
Die Handlungsmöglichkeiten für die Einführung neuer Leistungen hat für Kassen mit höherem Zusatzbeitrag stärker abgenommen als für Kassen mit niedrigem Zusatzbeitrag.

4.2.23 Vergleiche zu den Rahmenbedingungen Kassenart und Kassengröße

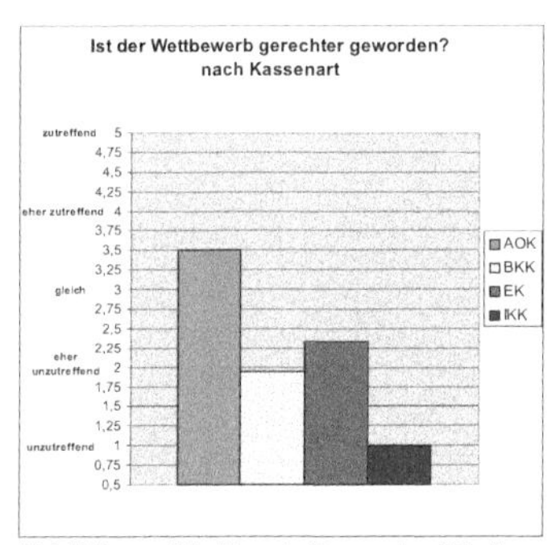

Abbildung 14: Beurteilung der Wettbewerbsbedingungen nach Kassenart (Quelle: Eigene Darstellung basierend auf Tabelle 33)

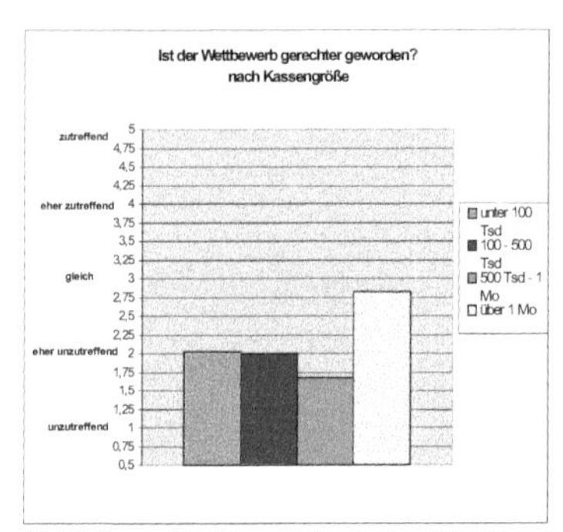

Abbildung 14: Beurteilung der Wettbewerbsbedingungen nach Kassengröße (Quelle: Eigene Darstellung basierend auf Tabelle 34)

Beim Vergleich nach Kassengröße fällt auf, dass große Kassen mit über 1 Mio. Versicherten eher keine Veränderung des Wettbewerbs sehen. Bei einem Vergleich nach Kassenart bewerten die AOKn den Wettbewerb nach Einführung des GKV-FQWG deutlicher gerechter als die anderen Kassenarten.

[116] Vgl. Eigene Quelle: Tabelle 32

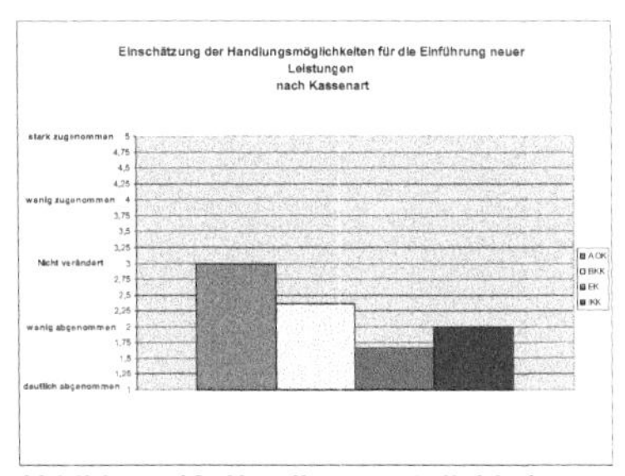

Abbildung 16: Handlungsmöglichkeiten für die Einführung neuer Leistungen nach Kassenart (Quelle: Eigene Darstellung basierend auf Tabelle 35)

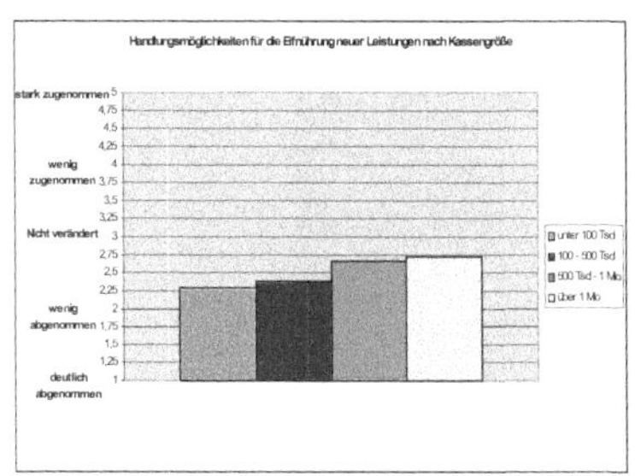

Abbildung 16: Handlungsmöglichkeiten für die Einführung neuer Leistungen nach Kassengröße (Quelle: Eigene Darstellung basierend auf Tabelle 36)

Nach Einschätzung der AOKn haben sich die Handlungsmöglichkeiten für die Einführung neuer Leistungen nicht verändert. Am deutlichsten abgenommen haben die Handlungsmöglichkeiten für die Einführung neuer Leistungen bei den Ersatzkassen. Mit steigender Kassengröße nehmen die Handlungsmöglichkeiten für die Einführung neuer Leistungen zu.

4.3 Auswertungsergebnisse zum Webauftritt der Krankenkassen

Zielgruppe	Häufigkeit	Angebotsinhalt	Häufigkeit	Reason Why	Häufigkeit
sozioökonomisch	2	Beitrag	3	Wirtschaftlich	3
demografisch	1	Leistung	4	Emotional	1
keine	2	Service	0	sozial	0
		Höhe Zusatzbeitrag wird genannt	2		

Tabelle 10: Ergebnisse der Inhaltsanalyse für vier Kassen mit niedrigem Zusatzbeitrag

Von den analysierten Kassen mit niedrigem Zusatzbeiträgen ist nur bei der Hälfte eine zielgruppenspezifische Ansprache erkennbar. Die Inhalte sind Beitrags- und Leistungsorientiert. Die Höhe des Zusatzbeitrages wird von zwei Kassen genannt. Der Reason Why ist hauptsächlich wirtschaftlich begründet.

Zielgruppe	Häufigkeit	Angebotsinhalt	Häufigkeit	Reason Why	Häufigkeit
sozioökonomisch	2	Beitrag	0	Wirtschaftlich	0
demografisch	2	Leistung	4	Emotional	3
keine	1	Service	3	sozial	2
		Höhe Zusatzbeitrag wird genannt	0		

Tabelle 11: Ergebnisse der Inhaltsanalyse für vier Kassen mit durchschnittlichem Zusatzbeitrag gemäß Schätzerkreis

Bei den Kassen mit durchschnittlichem Zusatzbeitrag erfolgt eine zielgruppenspezifische Ansprache nach demografischen und sozioökonomischen Kriterien. Die Inhalte sind Leistungs- und Serviceorientiert. Die Höhe des Zusatzbeitrages wird von keiner Kasse genannt. Der Reason Why ist emotional und sozial begründet.

Zielgruppe	Häufigkeit	Angebotsinhalt	Häufigkeit	Reason Why	Häufigkeit
sozioökonomisch	0	Beitrag	1	Wirtschaftlich	2
demografisch	0	Leistung	2	Emotional	1
keine	2	Service	2	sozial	0
		Höhe Zusatzbeitrag wird genannt	1		

Tabelle 12: Ergebnisse der Inhaltsanalyse für zwei Kassen mit hohem Zusatzbeitrag

Bei Kassen mit hohem Zusatzbeitrag war keine zielgruppenspezifische Ansprache zu beobachten. Die Inhalte sind leistungs- und serviceorientiert. Die Seite der Brandenburgischen BKK enthält gut sichtbar den aktuellen Beitragssatz. Der Reason Why ist hauptsächlich wirtschaftlich über Nennung von geldwerten Vorteilen durch Zusatzleistungen begründet.

Ergebnis Inhalte der Webseiten (Hypothese 13)

Kassen mit niedrigem Zusatzbeitrag werben vorrangig beitrags- und leistungsorientiert und begründen die Kassenwahl wirtschaftlich.

Kassen mit durchschnittlichem und hohem Beitrag werben vorrangig leistungs- und serviceorientiert. Die Begründung der Kassenwahl ist bei Kassen mit durchschnittlichem Beitrag sozial und emotional. Bei Kassen mit hohem Beitrag wirtschaftlich.

5. Diskussion

5.1 Qualität der Kassenbefragung

Reliabilität :

Zur Erhöhung der Reliabilität wurde der eingesetzte Fragebogen einem Pre-Test unterzogen. Dabei sollten Beeinflussungen durch die Frageformulierung und Uneindeutigkeiten eingeschränkt werden. Da im Fragebogen weitestgehend Items aus der Befragung von Haenecke verwendet wurden, profitiert die Befragung von den Erfahrungen aus dem Pre-Test von Haenecke, was sich stark positiv auf die Zuverlässigkeit auswirkt. Einschränkend ist zu bemerken, dass der eigens durchgeführte Pre-Test nur aus drei Experten bestand. Damit ist mit Einschränkungen bei der Zuverlässigkeit insbesondere bei den eigens konstruierten Fragen auszugehen.

Ein weiteres Problem bei einer schriftlichen Befragung ist, dass nicht garantiert ist, dass auch der Adressat der Befragung diesen Fragebogen tatsächlich ausfüllt. Anhaltspunkte wie gut die Befragung in diesem Bereich ist liefert ein Blick auf die Adressaten des Ergebnisberichtes:

Unternehmensbereich	**Anzahl**
Vorstandssekretariat	13
Marketing/ Vertrieb	4
Presse/Medien/ Politik	3
Revision und Organisation	1
Markenführung	1
Finanzservice	1
Ohne Angabe	4
Gesamt	27

Tabelle 13: Adressaten des Ergebnisberichtes

62% der Adressaten des Ergebnisberichtes gehören zu der mit der Befragung angesprochenen Zielgruppe. Damit ist die Zuverlässigkeit eingeschränkt, jedoch aus Sicht des Autors ausreichend.

Als weitere Einschränkung ist zu bemerken, dass die Objektivität der Befragung insbesondere bei den Wettbewerbstärken eingeschränkt ist. Die Kassenmanager können hier nur eine subjektive Einschätzung abgeben.

Repräsentativität:

Von 123 angeschriebenen Krankenkassen waren 52 Fragebögen auswertbar. Damit beträgt die Rücklaufquote 42,28%.

14 Kassen haben schriftlich oder per E-Mail mitgeteilt, dass Sie nicht an der Befragung teilnehmen. Die Gründe waren:

- Unternehmensziele sollen nicht preisgegeben werden (7 Nennungen)
- Generell keine Beteiligung an Umfragen (4 Nennungen)
- Bedenken wg. Vertraulichkeit der Befragung (2 Nennungen)
- Ohne Angabe des Grundes (1 Nennung)

Damit blieben 57 Fragebögen ohne Antwort.

Da es sich bei der durchgeführten Befragung nahezu um eine Vollerhebung handelt, stellt sich das Problem der Repräsentativität innerhalb der Stichprobe nicht. Es macht daher nur Sinn, die Rückläufer auf Repräsentativität zu testen.

	angeschriebene Kassen (Grundgesamtheit)	Anteil an Grundgesamtheit	Auswertbare Fragbögen	Anteil an den Rückläufern
AOK	11	8,94%	8	15,38%
BKK	99	80,49%	38	73,08%
EK	6	4,88%	3	5,77%
IKK	6	4,88%	2	3,85%
Knappschaft	1	0,81%	1	1,92%
Gesamt	123	100,00%	52	100,00%

Tabelle 14: Repräsentativität der Befragung nach Kassenart

	angeschriebene Kassen (Grundgesamtheit)	Anteil an Grundgesamtheit	Auswertbare Fragbögen	Anteil an den Rückläufern
Betriebsbezogen	31	25,20%	13	25,00%
regional geöffnet	51	41,46%	21	40,38%
bundesweit geöffnet	41	33,33%	18	34,62%
Gesamt	123	100,00%	52	100,00%

Tabelle 15: Repräsentativität der Befragung nach Art der Öffnung

	angeschriebene Kassen (Grundgesamtheit)	Anteil an Grundgesamtheit	Auswertbare Fragbögen	Anteil an den Rückläufern
0 - 0,4%	13	10,57%	8	15,38%
0,5 - 0,8%	53	43,09%	25	48,08%
0,90%	49	39,84%	17	32,69%
1,0% und mehr	8	6,50%	2	3,85%
Gesamt	123	100,00%	52	100,00%

Tabelle 16: Repräsentativität der Befragung nach Höhe des Zusatzbeitrages

Der Test zeigt, dass die Befragung nach Art der Öffnung fast exakt die Grundgesamtheit wiederspiegelt. Bei den Kassenarten sind AOKn und Ersatzkassen leicht überrepräsentiert. Kassen mit niedrigen Zusatzbeiträgen sind ebenfalls leicht überrepräsentiert. Trotzdem bewertet der Autor die Repräsentativität der Befragung als ausreichend gut.

Validität:
Die ausreichend gute Repräsentativität der Befragung wirkt sich positiv auf die Validität der Befragung aus.

Im Rahmen der Validität spielt jedoch auch die Güte der Operationalisierung eine Rolle. Für die Operationalisierung wurde relevante Literatur verwendet. Eine eigene Konstruktion der Dimensionen anhand von Expertentests war aus Gründen des Umfanges der Arbeit nicht möglich. Daher wurde bei der Operationalisierung auf die Arbeit von Haenecke zurückgriffen. In dieser wurden die Kategorien mittels Expertentests getestet.[117] Außerdem lieferte das Ergebnis der Befragung von Haenecke selbst eine empirische Überprüfung der Kategorien[118], dessen Erfahrungen bei der Konstruktion dieser Befragung berücksichtigt wurden. Dies dürfte sich positiv auf die Güte der Operationalisierung auswirken. Bei den eigens konstruierten Fragen ist aufgrund des fehlenden Expertentestes mit Einschränkungen der Validität zu rechnen.

Einschränkend auf die Gültigkeit wirkt sich ebenfalls aus, dass nur die Perspektive der Krankenkassen berücksichtigt wurde. Insbesondere die Perspektive der Kunden spielt bei den untersuchten Fragestellungen jedoch eine nicht unerhebliche Rolle, konnte aber aus Gründen des Umfanges der Arbeit nicht berücksichtigt werden.
Eine weitere Einschränkung liegt darin, dass die Ergebnisse keinem Signifikanztest unterzogen wurden. Damit ist eine eingeschränkte Gültigkeit der Ergebnisse möglich.

[117] Vgl. Haenecke, H.: 2001. S. 151 und S. 226
[118] Vgl. Haenecke, H.: 2001. S. 177

5.2 Qualität der Inhaltsanalyse der Webseiten

Reliabilität:

Großen Einfluss auf die Zuverlässigkeit hat die Verschlüsselung der Kategorien. Positiv wirkt sich aus, dass die Verschlüsselung durch einen Vercoder (den Autor) durchgeführt wurde. Bei der Vercodung wurde auf relevante Literatur zurückgegriffen, es gibt jedoch kein Standard für die Vercodung. Damit ist Vercodung von der subjektiven Einschätzung des Autors abhängig. Dies wirkt sich ebenfalls einschränkend auf die Zuverlässigkeit aus.

Die Auswertung unterliegt ebenfalls stark der subjektiven Einschätzung des Autors, womit ebenfalls von einer Einschränkung der Zuverlässigkeit auszugehen ist.

Repräsentativität:

Für die Inhaltsanalyse wurde eine bewusste Auswahl getroffen. Damit ist die Stichprobe nicht repräsentativ für die Grundgesamtheit.

Validität:

Unter Berücksichtigung der oben genannten Punkte muss die Gültigkeit der Inhaltsanalyse mit starken Einschränkungen angesehen werden. Sie liefert lediglich Anhaltspunkte für die Gestaltung von Webseiten für bewusst ausgewählte Elemente der Grundgesamtheit, die stark von der subjektiven Beurteilung des Autors abhängen.

5.3 Reflektion des Gesamtergebnisses

Unter Berücksichtigung der oben genannten Einschränkungen können die Ergebnisse folgendermaßen interpretiert werden:

Ein niedriger Zusatzbeitrag geht nur eingeschränkt zu Lasten der Services und der Leistungen. Kassen mit niedrigem Zusatzbeitrag haben Programmachteile im Wahltarifangebot und erweiterten Verträgen. Sie sind deutlich weniger innovationsbereit als Kassen mit höherem Beitrag. Sie haben ein kleineres Geschäftsstellennetz und die Qualität des telefonischen und persönlichen Service wird schlechter bewertet. Auch das Motiv "Qualität hat ihren Preis" hat eine geringere Rolle bei der Beitragsfestsetzung gespielt.

Auf der anderen Seite sehen sich Kassen mit niedrigem Zusatzbeitrag bei den Zusatzleistungen stärker aufgestellt als Kassen mit hohem Beitrag. Die Ursache der genannten Programm- und Innovationsnachteile könnte jedoch weniger in der Höhe des Zusatzbeitrages sondern in der Kassengröße liegen. Des Weiteren ist fraglich inwiefern es sich bei den Programmnachteilen um tatsächliche Wettbewerbsnachteile handelt. Nicht jeder Kunde benötigt vor Ort eine Geschäftsstelle, auch sind die Teilnahmequoten bei den Wahltarifen bisher recht niedrig.

Die Beitragsfestsetzung ging nicht zu Lasten des Leistungsangebotes, auch nicht bei Kassen mit niedrigem Zusatzbeitrag. Diese zunächst für den Kunden gute Nachricht könnte in den noch vorhandenen Rücklagen der einzelnen Kassen gelegen haben. Bei einer Verschlechterung der Wettbewerbsposition sind Kassen mit niedrigem Zusatzbeitrag eher bereit Leistungen zu kürzen und einen Zusatzbeitrag zu erhöhen. Kassen mit höherem Zusatzbeitrag sehen Einsparungen bei den Verwaltungskosten und den Abbau von Finanzreserven als eher geeignet an. Dies könnte auf größere Finanzreserven und größeres Kosteneinsparpotential bei Kassen mit höherem Zusatzbeitrag hindeuten. Damit wäre bei Kunden von günstigen Kassen bei Verschlechterung der Wettbewerbsposition mit einer Verteuerung und Verschlechterung des Versicherungsschutzes zu rechnen. Ein interessantes Ergebnis ist, dass Kassen die bereits 2009 einen Zusatzbeitrag erhoben haben, alle Strategien zur Vermeidung eines Zusatzbeitrages wesentlich geeigneter halten als der Rest der Krankenkassen. Hier zeigt sich, dass die Erfahrungen der alten Zusatzbeiträge große Spuren in der Beitragspolitik der Krankenkassen hinterlassen haben. Dies könnte gleichfalls bedeuten, dass die Wirkung einer Zusatzbeitragserhöhung von Kassen ohne die Erfahrungen der "alten" Zusatzbeiträge unterschätzt wird.

Die Annahme, dass Kassen mit niedrigem Zusatzbeitrag vorrangig mit dem Preis werben wurde weitestgehend bestätigt. Anhaltspunkte liefern sowohl die Befragungsergebnisse, als auch die Ergebnisse der Inhaltsanalyse. Bei Kassen mit niedrigem Beitrag wird der Preis herausgestellt und als Hauptargument für die Kassenwahl kommuniziert. Ausnahme bildet hier die AOKplus. Sie kommuniziert trotz niedrigem Beitrag mit einem emotionalen Reason Why. Kassen mit Beiträgen von 0,9% verstecken die Höhe ihrer Zusatzbeiträge. Erstaunlich ist, dass Kassen mit höherem Beitrag ebenfalls hauptsächlich mit einem wirtschaftlichen Reason Why argumentieren.

Die Befragten sind zwar der Ansicht, dass die Entwicklung des Preiswettbewerbes zunehmen wird, allerdings wird die Stärke des Preissignals gleichbleibend eingeschätzt. Interessant ist, dass Kassen mit höherem Zusatzbeitrag die Stärke des Preissignals sogar eher abnehmend beurteilen, auch gehen sie von einer nicht so starken Zunahme des Preiswettbewerbes aus, wie Kassen mit niedrigem Zusatzbeitrag.

Dies deutet daraufhin, dass bei Kassen mit hohem Zusatzbeitrag wenig Anlass besteht einen niedrigeren Beitrag anzubieten und damit in einen Preiswettbewerb einzusteigen. Bestätigt wird dies auch durch die wenigen Nennungen des Unternehmenszieles "Senken des Zusatzbeitrages".[119]

Kassen mit niedrigem Zusatzbeitrag könnten mit einer Ausweitung der Marketingaktivitäten durchaus einen Preiswettbewerb initiieren. Laut den Ergebnissen dieser Untersuchung ist damit jedoch nicht zu rechnen. Trotz Erhöhung des Werbebudgets ist die Konfliktbereitschaft bei Kassen mit niedrigem Zusatzbeitrag nicht ausgeprägter. Vielmehr sind sogar Kassen mit höherem Zusatzbeitrag konfliktbereiter. Die Ursache könnte auch hier wieder in der Kassengröße liegen. Bei kleineren Kassen sind auch durch die Beschränkung des Wettbewerbes weniger finanzielle Ressourcen verfügbar um einen großflächigen Angriff auf die Konkurrenz zu starten.

Eine weitere Ursache könnte auch darin bedingt sein, dass Kunden die ihre Krankenkasse aus wirtschaftlichen Gründen wechseln nicht sonderlich treu sind. Dies bedeutet, dass dauerhafte Anstrengungen erforderlich sind, um einen im Vergleich zum Wettbewerb unterdurchschnittlichen Beitrag anzubieten. Dieser Aufwand könnte von einzelnen Kassen gescheut werden. Insgesamt ist aus Sicht des Autors damit nicht mit einer Verschärfung des Preiswettbewerbes zu rechnen. Wenn einzelne Kassen jedoch partiell ihre Werbeanstrengungen erhöhen, ist regional durchaus mit einer Verschärfung des Preiswettbewerbes denkbar.

Über die Beantwortung der Leitfragen hinaus hat sich bei den Ergebnissen folgende Auffälligkeit gezeigt:

---

[119]Vgl. Eigene Quelle: Abbildung 1

AOKn und Kassen mit über 1 Million Versicherten bewerten die Frage ob der Wettbewerb gerechter geworden ist und die Handlungsmöglichkeiten für die Einführung neuer Leistungen wesentlich positiver als der Rest der Kassen. Dies deutet auf ein Ungleichgewicht bei den Rahmenbedingungen zu Gunsten der AOKn und sehr großen Kassen hin.

5.4 Konsequenzen des Zusatzbeitrages auf das Krankenkassenmarketing

Aufgrund der neuen Zusatzbeiträge ist zunächst nicht mit weitgehenden Auswirkungen auf das Krankenkassenmarketing zu rechnen, da nicht mit einer Ausweitung des Preiswettbewerbes zu rechnen ist. Die Auswertung der empirischen Studien zeigt jedoch, dass die Kunden bereits bei recht geringen Preisunterschieden bereit sind die Kasse zu wechseln.

Die hohe Bedeutung des Wachstumsziels impliziert, dass dieses Potential von Kassen mit niedrigem Zusatzbeitrag genutzt werden sollte. Dazu ist jedoch eine klare Vermarktung des niedrigen Beitragssatzes mittels der Kommunikationspolitik und eine größere Konfliktbereitschaft notwendig. Dies ist auch für kleinere Kassen regional begrenzt realisierbar.

Kritisch sieht der Autor den beobachtenden Versuch einzelner Kassen, den Zusatzbeitrag mit einer wirtschaftlichen Argumentation bei den Zusatzleistungen aufzuwiegen. Hier hat bereits eine Untersuchung von pwc gezeigt, dass durch diese Maßnahme nur ein geringer Effekt zu erwarten ist.[120]
Im Rahmen der Zielgruppen der Werbemaßnahmen hat sich gezeigt, dass sich nahezu alle Wettbewerber um die gleichen Zielgruppen kümmern. Eine Abhebung vom Wettbewerb wird damit schwierig. Insbesondere die weitestgehende Fokussierung auf das demografische Kriterium Familie scheint zu kurz gegriffen um eine echte Differenzierung zu erreichen. Die Zielgruppe Familien zählt sicherlich zum attraktivsten Klientel um langfristiges Wachstum über den Bestand zu erreichen. Es erscheint aus Sicht des Autors jedoch sinnvoll psychologische Kriterien wie Einstellungen und Lebensstil stärker mit einzubeziehen um sich als die richtige Kasse in der Lebenssituation des Kunden zu positionieren und damit einen Vorteil bei der Neukundenaquise zu erzielen.

---

[120] Schumacher, N./ Baldeweg, R./ Wallraven, J./ Schülke, F.: 2012. S. 38

Spannend bleibt die Frage wie sich die Kassen bei Verschlechterung der Wettbewerbssituation verhalten werden. Die Ergebnisse deuten an, dass bei einer Verschlechterung des Wettbewerbes Kassen mit niedrigen Zusatzbeiträgen eher bereit sind diese zu erhöhen. Sollte bei Kassen mit höherem Beitrag genug Potential bestehen um eine Erhöhung hinauszuzögern, könnte es wieder zu einer weitestgehenden Angleichung der Zusatzbeiträge kommen. Damit würde der Preis als Differenzierungsmerkmal wieder an Bedeutung verlieren. Für Kassen die auf eine Qualitätsstrategie gesetzt haben, könnte sich diese Entscheidung somit mittelfristig auszahlen.

5.5 Fazit und Ausblick

Die vorliegende Arbeit zeigt, dass sich die Befürchtungen einiger Experten die neuen Zusatzbeiträge würden zu einem Verlust von Leistungen und Qualität führen nicht bestätigt haben. Vielmehr räumen die Krankenkassen unabhängig vom Zusatzbeitrag der Kundenzufriedenheit hohe Priorität ein. Eine Kürzung von Service und Leistungen zu Gunsten eines niedrigen Beitrages ist nicht zu befürchten. Für den Kunden sind dies von der Qualitätsseite positive Nachrichten. Die Kunden haben es darüber hinaus in der Hand sich durch die Nutzung des Wechselrechtes einen günstigeren Krankenversicherungsschutz zu suchen und damit einen Preiswettbewerb anzufachen. Dieser sollte jedoch unter möglichst gleichen Rahmenbedingungen ablaufen. Die Ergebnisse dieser Arbeit deuten an, dass dies nach wie vor nicht der Fall ist. Daher ergibt sich die Frage, worin liegen die Ursachen für einen niedrigen Zusatzbeitrag? Liegt dies an effizienten und wirtschaftlichen Strukturen innerhalb der Kasse oder werden bestimmte Kassen bei den Zuweisungen ungerechtfertigt bevorzugt? Untersuchungen zu dieser Fragestellung wären wünschenswert.

Ebenfalls von Interesse erscheint aus Sicht des Autors eine Erhebung zum Verhalten in der Beitrags- und Kommunikationsgestaltung bei Verschlechterung der Finanzsituation durch sinkende Zuweisungen aus dem Gesundheitsfonds. Bleibt es bei den hier vorliegenden Erkenntnissen oder wird dann ein niedriger Beitrag zu Lasten von Leistungen und Qualität in Kauf genommen, weil die Wirkung einer Erhöhung des Zusatzbeitrages unterschätzt wurde?

6. Literaturverzeichnis

Bieberstein, I.: Dienstleistungsmarketing. 4. Auflage. Kiehl. Ludwigshafen 2006

BMG:http://www.bmg.bund.de/krankenversicherung/finanzierungs-und-qualitaetsgesetz/weiterentwicklung-der-finanzstruktur.html (15.11.2014)

Bogner, T./ Loth, H.: Marketing für Krankenkassen. Der Weg zur Aufsteigerkasse. 1. Auflage. Verlag Hans Huber. Bern 2004

Der Spiegel: http://www.spiegel.de/wirtschaft/soziales/gute-konjunktur-krankenkassen-wollen-zusatzbeitrag-abschaffen-a-802761.html (19.11.2014)

Gemeinsame Wettbewerbsgrundsätze der Aufsichtsbehörden der gesetzlichen Krankenversicherung vom 19.03.1998 in der Fassung vom 9.11.2006

GKV-Spitzenverband: http://www.gkv-spitzenverband.de/presse/pressemitteilungen_und_statements/pressemitteilung_182980.jsp (15.11.2014)

GKV-Spitzenverband: http://www.gkv-spitzenverband.de/krankenversicherung/krankenversicherung_grundprinzipien/finanzierung/zusatzbeitrag/zusatzbeitrag_seit_2009.jsp (15.11.2014)

GKV Spitzenverband: http://www.gkv-spitzenverband.de/service/versicherten_service/krankenkassenliste/krankenkassen.jsp?pageNo=2&filter=18#krankenkassen (27.01.2015)

Haenecke, H.: Krankenkassen-Marketing. Eine empirische Analyse der Erfolgsfaktoren. Hampp. München und Mering 2001

Haenecke, H.: Nicht nur der Beitragssatz zählt. Erfolgsfaktoren im Krankenkassen-Marketing. In: Die BKK. Heft 11/2001 S. 529

Hajen,L./ Paetow, H./ Schumacher, H.: Gesundheitsökonomie- Strukturen-Methoden-Praxis. 5. Auflage. Kohlhammer. Stuttgart 2010

Homburg,C./ Krohmer,H.: Grundlagen des Marketingmanagements: Einführung in Strategie, Instrumente, Umsetzung und Unternehmensführung. 2. Auflage. Gabler Verlag. Wiesbaden 2009

Kaas, K.: Einführung: Marketing und Neue Institutionenökonomik. In: Kaas, K. (Hrsg.).: Kontrakte, Geschäftsbeziehungen, Netzwerke. Verl.-Gruppe Handelsbl. Düsseldorf 1995

Kochanczyk, M./ Lux, G./ Matusiewicz, D./ Wasem, J.: Kassenpatriotismus? Eine empirische Analyse zum Wechselverhalten in der Gesetzlichen Krankenversicherung. In: Gesundheitsmonitor. 2012

Koenig, C./ Engelmann, E./ Hentschel, K.: Die wettbewerbsrechtliche Beurteilung von Werbemaßnahmen gesetzlicher Krankenkassen. am Beispiel der werbenden Ankündigung Modellvorhaben. In: WRP - Wettbewerb in Recht und Praxis. Heft 7/2003 S, 831 - 838

Matusiewicz, D./ Wasem, J./ Stollmeier, H./ Bischkopf, T.: Krankenkassenmarketing. Rahmenbedingungen und Überblick über den Stand der betriebswirtschaftlichen Forschung. In: Sozialer Fortschritt, Heft 12/2013, S. 299 - 305

Meffert, H./ Bruhn, M.: Dienstleistungsmarketing. Grundlagen-Konzepte-Methoden Mit Fallstudien. 5. überarbeitetet und erweiterte Auflage. Gabler Verlag. Wiesbaden 2006

Nakielski, H.: Ab 2015 gibt´s wohl bei allen Krankenkassen Zusatzbeiträge. Gefährliches Wettrennen der Kassen um den günstigsten Satz. In: Soziale Sicherheit. Heft 11/2014, S. 406 - 409

Paquet, R./ Stein, M.: GKV-Mitglieder: preissensibel und leistungsbewusst. In: Die BKK, Heft 05/2008, S. 274 - 280 (o.A.): Aktuelle Krankenkassenreform 2014. So denken die Deutschen darüber!, Köln: Heute und Morgen GmbH, 2014

(o.A.): Entwurf eines Gesetzes zur Weiterentwicklung der Finanzstruktur und der Qualität in der gesetzlichen Krankenversicherung (GKV-Finanzstruktur- und Qualitäts-Weiterentwicklungsgesetz – GKV-FQWG): Deutscher Bundestag, 2014

(o.A.): Gesetzliche Krankenversicherung: Mitgliederentwicklung II: Mär vom „Richtbeil" Zusatzbeitrag stimmt nicht immer. In: Dienst für Gesellschaftspolitik, Heft 31 - 2010, S. 3 - 5

(o.A.) Kassenbindung der gesetzlich Krankenversicherten. Ergebnisse einer Repräsentativbefragung. mindline media. 2009

Scheffold, K.: Kundenbindung bei Krankenkassen. In: Anker, P. (Hrsg.): Duisburger Volkswirtschaftliche Schriften. Duncker & Humblot. Berlin 2007

Schulze Ehring, F./ Köster, A.-D.: Beitrags- und Leistungsdifferenzierung in der GKV?. Köln. WIP-Diskussionspapier 3/10, 2010

Schumacher, N./ Baldeweg, R./ Wallraven, J./ Schülke, F.: GKV im Wettbewerb: Was ist wirklich relevant?. PricewaterhouseCoopers AG (Hrsg.). 2012

Straub, J.:Marketing-Kommunikation mit Klick. VDM Verlag Dr. Müller. Saarbrücken 2007

Sutor, T.: Theoretische Grundlagen des Versicherungsmarketing. In: Zerres, M./ Reich, M. (Hrsg.): Handbuch Versicherungsmarketing. Springer Verlag. Berlin; Heidelberg. 2010. S. 81 - 100

Töpfer, A. M+M Versichertenbarometer. Kundenzufriedenheit und -bindung im Urteil der Versicherten. Studienbericht 2011. Management + Marketing GmbH. Kassel. 2011

Zok, K. Reaktionen auf Zusatzbeiträge in der GKV. Ergebnisse einer Repräsentativ-Umfrage. In: Widomonitor, Ausgabe 1/2011, S. 1 - 8

Anhang

A.1. Teilnehmer des Pre-Tests

Name	Abteilung	Adresse
H.	Gebietsleiter für das Gebiet München	Siemens BKK (SBK) Otto-Hahn-Ring 6, 81739 München
E.	Fachexperte Vertriebsmanagement	Siemens BKK (SBK), Heimeranstraße 31, 80339 München
S.	Fachexpertin Qualitätsmanagement	Siemens BKK (SBK), Heimeranstraße 31, 80339 München

A.2. Angeschriebene Krankenkassen

1	actimonda krankenkasse Hüttenstr. 1 52068 Aachen
2	AOK - Die Gesundheitskasse für Niedersachsen Vorstandsvorsitzender Hildesheimer Straße 273 30519 Hannover
3	AOK - Die Gesundheitskasse in Hessen Vorstand Basler Str. 2 61352 Bad Homburg
4	AOK Baden-Württemberg Hauptverwaltung Presselstraße 19 70191 Stuttgart
5	AOK Bayern - Die Gesundheitskasse, Zentrale Carl-Wery-Straße 28 81739 München
6	AOK Bremen/Bremerhaven Vorstand Bürgermeister-Smidt-Straße 95 28195 Bremen
7	AOK Nordost - Die Gesundheitskasse Behlertstraße 33 A 14467 Potsdam
8	AOK NordWest - Die Gesundheitskasse Kopenhagener Straße 1 44269 Dortmund
9	AOK PLUS – Die Gesundheitskasse für Sachsen und Thüringen. 01058 Dresden

10	AOK Rheinland/Hamburg – Die Gesundheitskasse Kasernenstr. 61 40213 Düsseldorf
11	AOK Rheinland-Pfalz/Saarland - Die Gesundheitskasse Virchowstraße 30 67304 Eisenberg
12	AOK Sachsen-Anhalt - Die Gesundheitskasse Vorstand Lüneburger Straße 4 39106 Magdeburg
13	atlas BKK ahlmann Am Kaffee-Quartier 3 28217 Bremen
14	Audi BKK Ettinger Straße 70 85057 Ingolstadt
15	BAHN-BKK Franklinstraße 54 60486 Frankfurt am Main
16	Barmer GEK Axel-Springer-Straße 44 10969 Berlin
17	Bertelsmann BKK Carl-Miele-Str. 214 33335 Gütersloh
18	Betriebskrankenkasse Mobil Oil Friedenheimer Brücke 29 80639 München
19	BKK PwC Rotenburger Str. 15 34212 Melsungen
20	BIG direkt gesund Marketing Rheinische Straße 1 44137 Dortmund
21	BKK24 Sülbecker Brand 1 31683 Obernkirchen
22	BKK Achenbach Buschhütten Siegener Str. 152 57223 Kreuztal
23	BKK advita Mainzer Straße 5 55232 Alzey
24	BKK Aesculap Jetterstr. 13/1 78532 Tuttlingen
25	BKK Akzo Nobel Bayern Glanzstoffstraße 63785 Obernburg
26	BKK B. Braun Melsungen AG Grüne Straße 1 34212 Melsungen
27	BKK Basell Brühler Str. 60 50389 Wesseling

28	BKK Beiersdorf AG Unnastraße 20 20253 Hamburg
29	BKK BPW Bergische Achsen KG Ohler Berg 1 51674 Wiehl
30	BKK Braun-Gillette Westerbachstraße 23 a 61476 Kronberg im Taunus
31	BKK DEMAG KRAUSS-MAFFEI Friedrich-Wilhelm-Str. 82 - 84 47051 Duisburg
32	Betriebskrankenkasse der MTU Friedrichshafen GmbH Hochstraße 40 88045 Friedrichshafen
33	BKK Deutsche Bank AG Königsallee 60c 40212 Düsseldorf
34	BKK Diakonie Königsweg 8 33617 Bielefeld
35	BKK EUREGIO Boos-Fremery-Str. 62 52525 Heinsberg
36	BKK EWE Staulinie 16-17 26122 Oldenburg
37	BKK exklusiv Zum Blauen See 7 31275 Lehrte
38	BKK Faber-Castell & Partner Bahnhofstraße 45 94209 Regen
39	BKK family Äppelallee 27 65203 Wiesbaden
40	Betriebskrankenkasse firmus Gottlieb-Daimler-Str. 11 28237 Bremen
41	BKK Freudenberg Höhnerweg 2 – 4 69469 Weinheim
42	BKK GILDEMEISTER SEIDENSTICKER Winterstraße 49 33649 Bielefeld
43	BKK Groz-Beckert Unter dem Malesfelsen 72 72458 Albstadt
44	BKK HENSCHEL Plus Josef-Fischer-Str. 10 34127 Kassel
45	Betriebskrankenkasse Herford Minden Ravensberg Am Kleinbahnhof 5 32051 Herford

46	BKK Herkules Jordanstraße 6 34117 Kassel
47	BKK KARL MAYER Industriestraße 3 63179 Obertshausen
48	BKK KBA Friedrich-Koenig-Str. 5 97080 Würzburg
49	Betriebskrankenkasse Krones Bayerwaldstraße 2L 93073 Neutraubling
50	BKK Linde Konrad-Adenauer-Ring 33 65187 Wiesbaden
51	BKK MAHLE Pragstraße 26-46 70376 Stuttgart
52	BKK Melitta Plus Marienstr. 122 32425 Minden
53	BKK MEM Freiligrathstraße 1 04610 Meuselwitz
54	Betriebskrankenkasse Miele Carl-Miele-Straße 29 D-33332 Gütersloh
55	BKK der G. M. PFAFF AG Pirmasenser Str. 132, 67655 Kaiserslautern
56	BKK Pfalz Lichtenbergerstraße 16 67059 Ludwigshafen
57	BKK ProVita Rotkreuzplatz 8 80634 München
58	BKK Public Thiestr. 15 38226 Salzgitter
59	BKK Rieker • Ricosta • Weisser Stockacher Str. 4-6 78532 Tuttlingen
60	Betriebskrankenkasse RWE Welfenallee 32 29225 Celle
61	BKK Salzgitter Thiestr. 15 38226 Salzgitter
62	BKK SCHEUFELEN Hauptverwaltung Schöllkopfstr. 120 73230 Kirchheim/Teck
63	BKK Schleswig-Holstein Stadtstraße 10 25348 Glückstadt

64	BKK Schwarzwald-Baar-Heuberg Löhrstr. 45 78647 Trossingen
65	BKK Stadt Augsburg City-Galerie-Bürohaus Willy-Brandt-Platz 1 86153 Augsburg
66	BKK Technoform Weender Landstr. 94-108 37075 Göttingen
67	BKK Textilgruppe Hof Fabrikzeile 21 95028 Hof
68	BKK VDN Rosenweg 15 58239 Schwerte
69	BKK VerbundPlus Bismarckring 64 88400 Biberach
70	BKK Verkehrsbau Union Lindenstraße 67 10969 Berlin
71	BKK Vital Giulinistraße 2 67065 Ludwigshafen
72	BKK vor Ort Universitätsstraße 43 44789 Bochum
73	BKK Voralb Neuffener Str. 54 72622 Nürtingen
74	BKK Werra-Meissner Straßburger Str.5 37269 Eschwege
75	BKK Wirtschaft & Finanzen Bahnhofstraße 19 34212 Melsungen
76	BKK Würth Gartenstr. 11 74653 Künzelsau
77	BKK ZF & Partner Am Wöllershof 12 56068 Koblenz
78	BKK_DürkoppAdler Potsdamer Straße 190 33719 Bielefeld
79	BMW BKK Mengkofener Str. 6 84130 Dingolfing
80	Bosch BKK Kruppstraße 19 70469 Stuttgart
81	Brandenburgische BKK Werkstraße 10 15890 Eisenhüttenstadt

82	Continentale Betriebskrankenkasse Röntgenstraße 24-26 22335 Hamburg
83	Daimler BKK 28178 Bremen
84	DAK-Gesundheit Nagelsweg 27 - 31 20097 Hamburg
85	Debeka Betriebskrankenkasse Ferdinand-Sauerbruch-Str. 18 56073 Koblenz
86	Deutsche BKK Willy-Brandt-Platz 8 38440 Wolfsburg
87	DIE BERGISCHE KRANKENKASSE Postfach 19 05 40 42705 Solingen
88	Die Schwenninger Betriebskrankenkasse Spittelstraße 50 78056 Villingen-Schwenningen
89	E.ON Betriebskrankenkasse Benzstr. 9 96052 Bamberg
90	energie-BKK Lange Laube 6 30159 Hannover
91	EY BKK Rotenburger Str. 16 34212 Melsungen
92	HEK - Hanseatische Krankenkasse Wandsbeker Zollstraße 86 - 90 22041 Hamburg
93	HEAG BKK Im Carree 1 64283 Darmstadt
94	Heimat Krankenkasse Herforder Straße 23 33602 Bielefeld
95	hkk Martinistraße 26 28195 Bremen
96	IKK Brandenburg und Berlin Ziolkowskistr. 614480 Potsdam
97	IKK classic Tannenstraße 4 b 01099 Dresden
98	IKK gesund plus Umfassungsstraße 85 39124 Magdeburg
99	IKK Nord, Postfach 2299 23510 Lübeck

100	IKK Südwest Berliner Promenade 1 66111 Saarbrücken
101	Kaufmännische Krankenkasse – KKH Karl-Wiechert-Allee 61 30625 Hannover
102	Knappschaft-Bahn-See Marketing 44781 Bochum
103	Merck BKK Frankfurter Str. 130 64293 Darmstadt
104	Metzinger BKK Stuttgarter Straße 15+17 72555 Metzingen
105	mhplus Betriebskrankenkasse Franckstraße 8 71636 Ludwigsburg
106	Novitas BKK 47050 Duisburg Ernst Butz
107	pronova BKK Brunckstraße 47 67063 Ludwigshafen
108	R+V Betriebskrankenkasse Kreuzberger Ring 21 65205 Wiesbaden
109	Salus BKK Siemensstraße 5 a 63263 Neu-Isenburg
110	SECURVITA BKK Lübeckertordamm 1-3 20099 Hamburg
112	SIEMAG BKK Hillnhütter Str. 89 57271 Hilchenbach
113	SBK Siemens-Betriebskrankenkasse Heimeranstraße 31 80339 München
114	SKD BKK Schultesstraße 19a 97421 Schweinfurt
115	Südzucker BKK Philosophenplatz 1 68165 Mannheim
116	Techniker Krankenkasse Marketing Bramfelder Straße 140 22305 Hamburg
117	TBK Thüringer Betriebskrankenkasse Stotternheimer Straße 9 a 99086 Erfurt
118	TUI BKK Karl-Wiechert-Allee 23 30625 Hannover

119	Vaillant BKK Bahnhofstr. 15 42897 Remscheid
120	Vereinigte BKK Postfach 61 01 15 60343 Frankfurt
121	Wieland BKK Graf-Arco Straße 36 89079 Ulm
122	WMF Betriebskrankenkasse Eberhardstraße 73312 Geislingen

A.3. Anschreiben zur Befragung

Sebastian Kulpok

Krankenkasse XY
an den Vorstand persönlich
Straße und Hausnummer
PLZ und Ort

Sehr geehrte Damen und Herren,

im Rahmen meiner Bachelor-Arbeit an der SRH Fernhochschule Riedlingen untersuche ich die Marketingansätze in der gesetzlichen Krankenversicherung unter den neuen Wettbewerbsbedingungen des GKV- FQWG.

Zahlreiche Untersuchungen haben gezeigt, dass die gesetzliche Krankenversicherung auf die reformbedingten Wettbewerbsveränderungen des letzten Jahrzehnts mit einer marktorientierten Unternehmensführung reagiert hat und eine Wandlung zum modernen Gesundheitsdienstleister vollzieht.

Mit Einführung des GKV-FQWG haben sich die Wettbewerbsbedingungen erneut verändert. Zielsetzung meiner Arbeit ist Erkenntnisse zu gewinnen wie die Krankenkassen strategisch und operativ auf die Veränderungen reagieren.
Die zentralen Fragestellungen lauten unter anderem: Wie richten sich Kassen unterschiedlicher Größe und Art der Öffnung strategisch im Wettbewerb aus? Welche Ableitungen wurden für die Beitrags- und Kommunikationspolitik auf Grund des GKV-FQWG gezogen?

Bei einem praxisnahen Forschungsvorhaben wie diesem sind die Informationen aus den untersuchten Unternehmen unerlässlich für eine gute Ergebnisqualität.
Aus diesem Grund führe ich eine schriftliche Befragung aller gesetzlichen Krankenkassen durch. Ich freue mich, wenn Sie mein Forschungsvorhaben unterstützen und an der Befragung teilnehmen.

Für Ihre Bemühungen erhalten Sie auf Wunsch nach Abschluss der Bachelor-Arbeit Ende März 2015 einen detaillierten Ergebnisbericht. Verwenden Sie für die Bestellung des Berichtes bitte beigefügtes Antwortschreiben.

Alle Angaben werden streng vertraulich behandelt, sie werden anonym und nur unter wissenschaftlichen Gesichtspunkten ausgewertet. Die Ergebnisse werden in keiner Weise veröffentlicht, die Rückschlüsse auf einzelne Personen oder Krankenkassen zulässt.

Die Beantwortung wird etwa 10 Minuten in Anspruch nehmen. Ich bin Ihnen dankbar wenn Sie den Fragebogen bis zum 20.2.2015 zurücksenden. Für Fragen zum Inhalt oder zum Ausfüllen stehe ich Ihnen gerne unter meinen oben genannten Kontaktdaten zur Verfügung.

Mit freundlichen Grüßen

A.4. Fragebogen zur Befragung inklusive Formular zur Bestellung des Ergebnisberichtes

Allgemeine Informationen

1. Zu welcher Kassenart gehört Ihre Krankenkasse

O AOK O BKK O EK O IKK O Andere

2. Art der Öffnung Ihrer Krankenkasse

O bundesweit O regional O betriebsbezogen

3. Ihre Kassengröße nach Versicherten

O unter 100.000 O 500.001 - 1.000.000 O über 1.500.000

O 100.000 - 500.000 O 100.001 - 1.500.000

Unternehmensziele

4. Welche der folgenden Unternehmensziele sind für Ihre Kasse die wichtigsten? Nennen Sie bitte mind. ein Ziel und höchstens fünf:
(Wählen aus der Liste aus und tragen Sie die Ziffern ein)

1.......... 2.......... 3.......... 4.......... 5..........

1. Vermeidung einer Fusion	8. Erlangung von Macht und Einfluss auf den Markt
2. Erhaltung und Schaffung von Arbeitsplätzen	9. Erhöhung der Einnahmen pro Mitglied bzw. Versicherten
3. Positionierung als attraktiver Arbeitgeber	10. Reduktion der Ausgaben pro Mitglied bzw. Versicherten
4. Halten der Mitglieder bzw. Versichertenzahl	11. Verbesserung der medizinischen Versorgung der Versicherten
5. Erhöhen der Mitglieder bzw. Versichertenzahl	12. Halten des Zusatzbeitrages
6. Verbesserung der Versicherungsstruktur	13. Senken des Zusatzbeitrages
7. Erlangung von Einfluss auf politische Entscheidungen im Gesundheitssystem	14. Erhöhung der Kundenzufriedenheit

Weitere Unternehmensziele:

Ziffer 15:..

Ziffer 16:..

5. Hat sich Ihre Strategische Ausrichtung auf Grund des GKV-FQWG geändert?

❑ Nein, wurde nicht grundlegend geändert nur vereinzelte Korrekturen

❑ Ja die Strategische Ausrichtung wurde grundlegend geändert

Wenn ja, bitte um kurze Beschreibung der wesentlichen Änderungen in Stichworten

....

....

....

❑ Frage nicht beantwortbar, da keine Strategische Ausrichtung vorhanden

Wettbewerber

6. Betrachten Sie alle Wettbewerber. Wo besitzt ihre Krankenkasse besondere Stärken im Vergleich zum Wettbewerb?

	keine Stärke				besondere Stärke
niedriger Zusatzbeitrag	O	O	O	O	O
stabiler Beitragssatz	O	O	O	O	O
Gutes-Preis-Leistungsverhältnis	O	O	O	O	O
Enges Geschäftstellennetz	O	O	O	O	O
Bester Service per Telefon und Internet	O	O	O	O	O
Ein Ansprechpartner für jeden Kunden	O	O	O	O	O
Hohe Kompetenz der Mitarbeiter	O	O	O	O	O
Berufs- oder Betriebsnähe	O	O	O	O	O
Hohe Markenbekanntheit der Kasse	O	O	O	O	O
Positives Image	O	O	O	O	O
Hohe Kundenzufriedenheit	O	O	O	O	O
Verhandlungsvorteile durch Kassengröße	O	O	O	O	O
Starke Netzwerke und Partner	O	O	O	O	O
niedrige Verwaltungskosten	O	O	O	O	O
Großer Umfang an Zusatzleistungen	O	O	O	O	O
Bestes Angebot bei Wahltarifen	O	O	O	O	O
Vorreiter-Rolle bei neuen Behandlungsmethoden	O	O	O	O	O
Erweiterte Versorgungsstrukturen durch eigene Verträge	O	O	O	O	O

Weitere besondere Eigenschaften ihrer Kasse:

19. ....

20. ....

7. Welche Kasse(n) sind Ihre Hauptkonkurrenten:

....

....

8. Beurteilen Sie Ihr Verhalten ggü. Ihren Hauptkonkurrenten

	Trifft gar nicht zu		teils/teils		Trifft voll und ganz zu
Wir gehen offenen Konflikten aus dem Weg	O	O	O	O	O
Wir bauen Stärken auf, wo unsere Konkurrenten Schwächen haben	O	O	O	O	O
Wir kopieren die Stärken unserer Konkurrenz	O	O	O	O	O
Wir versuchen systematisch die Stärken unserer Konkurrenz zu übertreffen	O	O	O	O	O
Wir handeln eher defensiv als offensiv	O	O	O	O	O
Wir beobachten und analysieren unsere Hauptkonkurrenten systematisch	O	O	O	O	O
Wir suchen nach Nischen in denen unser Hauptkonkurrenten nur wenig/gar nicht präsent sind	O	O	O	O	O
Wir akquirieren gezielt Kundengruppen unserer Hauptkonkurrenten	O	O	O	O	O
Wir kooperieren mit unserem Hauptkonkurrenten	O	O	O	O	O

Beitragspolitik

9. Höhe Ihres momentanen Zusatzbeitrages

O 0 - 0,4% O 0,5 - 0,8% O 0,9% O 1,0% und höher

10. Von welchen Positionen wurden Sie bei der Festsetzung des Zusatzbeitrages beeinflusst?

	kein Einfluss				sehr hoher Einfluss
Höhe des durchschnittlichen Beitragssatzes gemäß Schätzerkreis	O	O	O	O	O
Die eigenen Ausgaben müssen gedeckt sein	O	O	O	O	O
Zusatzbeitrag in gleicher Höhe wie die Konkurrenz	O	O	O	O	O
Zusatzbeitrag niedriger als die Konkurrenz	O	O	O	O	O
Langfristig stabile Beiträge anbieten	O	O	O	O	O
Leistungskürzungen vermeiden	O	O	O	O	O
Qualität hat ihren Preis	O	O	O	O	O

Andere Positionen, welche?

....

....

11. Im Falle einer Verschlechterung der Wettbewerbsituation Ihrer Kasse. Welches Vorgehen halten Sie für geeignet um die Wettbewerbsituation zu verbessern?

	nicht geeignet				sehr geeignet
Frühzeitige Erhöhung des Zusatzbeitrages zur Verbesserung der Einnahmen	O	O	O	O	O
Verzögerung einer Erhöhung des Zusatzbeitrages durch den Abbau von Finanzreserven	O	O	O	O	O
Verzögerung der Erhöhung durch Leistungskürzungen	O	O	O	O	O
Verzögerung der Erhöhung durch Einsparung bei den Verwaltungskosten	O	O	O	O	O

Anderes Vorgehen, welches?

....

....

....

12. Hat Ihre Krankenkasse (inklusive fusionierter Kassen) zwischen 2009 - 2014 einen Zusatzbeitrag erhoben?

❑ Nein ❑ Ja

Kommunikationspolitik

13. Konzentrieren Sie die Werbemaßnahmen Ihrer Krankenkasse auf bestimmte Zielgruppen?

❑ Nein ❑ Ja

Wenn Ja, welche?

....

....

14. Wie hat sich das Budget Ihrer Kasse für Werbemaßnahmen im Vergleich zum letzten Geschäftsjahr entwickelt?

O	O	O	O	O
Deutlich gesenkt	Wenig gesenkt	Gleichgeblieben	Wenig erhöht	Deutlich erhöht

15. Welche Bedeutung haben die folgenden Marketinginstrumente für Ihre Krankenkasse?

	keine				sehr hohe
Mediawerbung (Print, TV, Radio)	O	O	O	O	O
Multimediawerbung (z.B. auf eigener Website Bannerwerbung)	O	O	O	O	O
Social Media (z.B. Facebook, YouTube, Twitter)	O	O	O	O	O
Verkaufsförderung (z.B. Geschenke, Preisausschreiben)	O	O	O	O	O
Persönliche Kommunikation (z.B. Beratungsgespräch)	O	O	O	O	O
Direktkommunikation (personalisierte Briefe/ E-Mails/ Anrufe)	O	O	O	O	O
Öffentlichkeitsarbeit	O	O	O	O	O
Messen und Ausstellungen	O	O	O	O	O
Sponsoring	O	O	O	O	O
Event-Marketing	O	O	O	O	O

Weitere Instrumente:

....

....

16. Welche Eigenschaften Ihrer Krankenkasse stellen Sie im Rahmen Ihrer Werbung besonders heraus?

	nicht heraus-gestellt				sehr stark heraus-gestellt
Niedriger Beitrag	O	O	O	O	O
Stabiler Beitrag	O	O	O	O	O
Gutes-Preis-Leistungsverhältnis	O	O	O	O	O
Bestimmte Leistungen des Pflichtkataloges	O	O	O	O	O
Bestimmte Zusatzleistungen	O	O	O	O	O
Hochwertiger Service	O	O	O	O	O
Erstklassige Mitarbeiter	O	O	O	O	O
Gutes wirtschaften mit Versichertengeldern	O	O	O	O	O

Weitere Eigenschaften:

....

....

17. Haben Sie die Ausrichtung Ihrer Werbung im Vergleich zu 2014 verändert? (Bezogen auf die in Frage 16 genannten Eigenschaften)

❑ Nein ❑ Ja

Wenn Ja, Beschreibung der wesentlichen Änderungen in Stichworten?

....

....

....

Abschließende Einschätzungen

18. Ist der Wettbewerb innerhalb der GKV durch das GKV- FQWG Ihrer Meinung nach gerechter geworden?

○	○	○	○	○	○
Unzutreffend	Eher unzutref-fend	Gleichgeblieben	Eher zutref-fend	zutreffend	Nicht ein-schätzbar

19. Wie wird sich der Preiswettbewerb in der GKV durch die ab 2015 geltenden Zusatzbeiträge Ihrer Einschätzung nach entwickeln?

○	○	○	○	○	○
Deutlich ab-nehmen	Wenig abneh-men	Nicht verän-dern	Wenig zuneh-men	Stark zuneh-men	Nicht ein-schätzbar

20. Wie schätzen Sie die Stärke des Preissignals der ab 2015 geltenden Zusatzbeiträge im Vergleich zu den alten Zusatzbeiträgen ein?

○	○	○	○	○	○
Deutlich abge-nommen	Wenig abge-nommen	Nicht verän-dert	Wenig zuge-nommen	Stark zuge-nommen	Nicht ein-schätzbar

21. Durch die ab 2015 geltenden Zusatzbeiträge werden unsere Handlungsmöglichkeiten für die Einführung von neuen Leistungen folgendermaßen beeinflusst?

○	○	○	○	○	○
Deutlich abge-nommen	Wenig abge-nommen	Nicht verän-dert	Wenig zuge-nommen	Stark zuge-nommen	Nicht ein-schätzbar

Vielen Dank für Ihre Unterstützung!

Zurück an:
Sebastian Kulpok

Zusendung des Ergebnisberichtes

Möchten Sie nach Abschluss des Forschungsprojektes im April diesen Jahres einen Ergebnisbericht zugesandt bekommen?

- ❑ Ja
- ❑ Nein

Wenn Ja, geben Sie bitte an, zu wessen Händen der Ergebnisbericht gehen soll:

Name der Krankenkasse:

....

Name des Adressaten:

....

Abteilung des Adressaten:

....

A.5. Grundauswertung der Befragung

1) Zu welcher Kassenart gehört Ihre Krankenkasse

AOK	8	(15,38%)
BKK	38	(73,08%)
EK	3	(5,77%)
IKK	2	(3,85%)
Andere	1	(1,92%)
Summe	52	
ohne Antwort	0	

2) Art der Öffnung

bundesweit	18	(34,62%)
regional	21	(40,38%)
betriebsbezogen	13	(25,00%)
Summe	52	
ohne Antwort	0	

3) Kassengröße nach Versicherten

unter 100.000	30	(57,69%)
100.000 - 500.000	8	(15,38%)
500.001 - 1.000.000	3	(5,77%)
über 1.000.000	11	(21,15%)
Summe	52	
ohne Antwort	0	

4) Welche der folgenden Unternehmensziele sind für Ihre Kasse die wichtigsten?

Vermeidung einer Fusion	11	(22,00%)
Erhaltung und Schaffung von APs	9	(18,00%)
Positionierung als attraktiver AG	10	(20,00%)
Halten der Mitglieder/ Versichertenzahl	11	(22,00%)
Erhöhen der Mitglieder/ Versichertenzahl	34	(68,00%)
Verbesserung der Versichungsstruktur	13	(26,00%)
Erlangung von Einfluss auf politische Entscheidungen	3	(6,00%)
Erlangung von Macht und Einfluss auf den Markt	3	(6,00%)
Erhöhung der Einnahmen pro Versicherten	9	(18,00%)
Reduktion der Ausgaben pro Versicherten	19	(38,00%)
Verbesserung der mediz. Versorgung	27	(54,00%)
Halten des Zusatzbeitrages	23	(46,00%)
Senken des Zusatzbeitrages	3	(6,00%)
Erhöhung der Kundenzufriedenheit	41	(82,00%)
Nennungen (Mehrfachwahl möglich!)	216	
geantwortet haben	50	
ohne Antwort	2	

<8/8> Finanzelle Stabilität
<15/15> Persönlicher Service, Schnelle Leistungsgewährung
<16/16> Finanzielle Stabilität
<20/20> Angemessener Deckungsbeitrag
<29/29> Enge Verbundenheit Trägerbetrieb, systematische betrliebl. Gesundheitsförderung
<37/37> Mehrwert für Trägerunternehmen
<41/41> Festigung und Erhöhung Mitarbeiterzufriedenheit
<45/45> Gestaltung Gesundheitsmanagement bei Träger

5) Hat sich Ihre strategische Ausrichtung auf Grund GKV-FQWG geändert?

ja	0	(0,00%)
nein	50	(96,15%)
Frage nicht beantwortbar	2	(3,85%)
Summe	52	
ohne Antwort	0	

<37/37> Stärke Fokussierung auf Networking
<49/49> Beitragssatzrelevanz in Vermarktung betont

6.1) niedriger Zusatzbeitrag

keine Stärke	5	(10,42%)
	3	(6,25%)
	11	(22,92%)
	20	(41,67%)
besondere Stärke	9	(18,75%)
Summe	48	
ohne Antwort	4	
Mittelwert	3,52	
Median	4	

6.2) stabiler Beitragssatz

keine Stärke	2	(4,00%)
	2	(4,00%)
	10	(20,00%)
	22	(44,00%)
besondere Stärke	14	(28,00%)
Summe	50	
ohne Antwort	2	
Mittelwert	3,88	
Median	4	

6.3) Gutes Preis Leistungsverhältnis

keine Stärke	0	(0,00%)
	1	(1,96%)
	4	(7,84%)
	13	(25,49%)
besondere Stärke	33	(64,71%)
Summe	51	
ohne Antwort	1	
Mittelwert	4,53	
Median	5	

6.4) Enges GST Netz

keine Stärke	15	(30,00%)
	6	(12,00%)
	6	(12,00%)
	9	(18,00%)
besondere Stärke	14	(28,00%)
Summe	50	
ohne Antwort	2	
Mittelwert	3,02	
Median	3	

6.5) Bester Service per Telefon und Internet

keine Stärke	1	(2,00%)
	2	(4,00%)
	17	(34,00%)
	22	(44,00%)
besondere Stärke	8	(16,00%)
Summe	50	
ohne Antwort	2	
Mittelwert	3,68	
Median	4	

6.6) Ein Ansprechpartner für jeden Kunden

keine Stärke	2	(3,92%)
	2	(3,92%)
	10	(19,61%)
	19	(37,25%)
besondere Stärke	18	(35,29%)
Summe	51	
ohne Antwort	1	
Mittelwert	3,96	
Median	4	

6.7) Hohe Kompetenz der Mitarbeiter

keine Stärke	0	(0,00%)
	0	(0,00%)
	3	(5,77%)
	22	(42,31%)
besondere Stärke	27	(51,92%)
Summe	52	
ohne Antwort	0	
Mittelwert	4,46	
Median	5	

6.8) Berufs oder Betriebsnähe

keine Stärke	1	(1,96%)
	3	(5,88%)
	10	(19,61%)
	17	(33,33%)
besondere Stärke	20	(39,22%)
Summe	51	
ohne Antwort	1	
Mittelwert	4,02	
Median	4	

6.9) Hohe Markenbekanntheit

keine Stärke	7	(13,46%)
	9	(17,31%)
	13	(25,00%)
	8	(15,38%)
besondere Stärke	15	(28,85%)
Summe	52	
ohne Antwort	0	
Mittelwert	3,29	
Median	3	

6.10) Positives Image

keine Stärke	0	(0,00%)
	0	(0,00%)
	11	(22,00%)
	23	(46,00%)
besondere Stärke	16	(32,00%)
Summe	50	
ohne Antwort	2	
Mittelwert	4,1	
Median	4	

6.11) Hohe Kundenzufriedenheit

keine Stärke	0	(0,00%)
	0	(0,00%)
	6	(11,54%)
	28	(53,85%)
besondere Stärke	18	(34,62%)
Summe	52	
ohne Antwort	0	
Mittelwert	4,23	
Median	4	

6.12) Verhandlungsvorteile durch Kassengröße

keine Stärke	22	(44,90%)
	8	(16,33%)
	6	(12,24%)
	5	(10,20%)
besondere Stärke	8	(16,33%)
Summe	49	
ohne Antwort	3	
Mittelwert	2,37	
Median	2	

6.13) Starke Netzwerke und Partner

keine Stärke	3	(6,00%)
	8	(16,00%)
	18	(36,00%)
	7	(14,00%)
besondere Stärke	14	(28,00%)
Summe	50	
ohne Antwort	2	
Mittelwert	3,42	
Median	3	

6.14) niedrige Verwaltungskosten

keine Stärke	3	(6,00%)
	5	(10,00%)
	16	(32,00%)
	12	(24,00%)
besondere Stärke	14	(28,00%)
Summe	50	
ohne Antwort	2	
Mittelwert	3,58	
Median	4	

6.15) großer Umfang an Zusatzleistungen

keine Stärke	1	(2,00%)
	2	(4,00%)
	5	(10,00%)
	22	(44,00%)
besondere Stärke	20	(40,00%)
Summe	50	
ohne Antwort	2	
Mittelwert	4,16	
Median	4	

6.16) Bestes Wahltarifangebot

keine Stärke	12	(24,00%)
	10	(20,00%)
	11	(22,00%)
	12	(24,00%)
besondere Stärke	5	(10,00%)
Summe	50	
ohne Antwort	2	
Mittelwert	2,76	
Median	3	

6.17) Vorreiter bei neuen Behandlungsmethoden

keine Stärke	6	(12,00%)
	15	(30,00%)
	14	(28,00%)
	13	(26,00%)
besondere Stärke	2	(4,00%)
Summe	50	
ohne Antwort	2	
Mittelwert	2,8	
Median	3	

6.18) Erweiterte Versorgungsstrukturen durch eigene Verträge

keine Stärke	4	(7,84%)
	7	(13,73%)
	15	(29,41%)
	17	(33,33%)
besondere Stärke	8	(15,69%)
Summe	51	
ohne Antwort	1	
Mittelwert	3,35	
Median	3	

6.19) Weitere besondere Eigenschaften

<9/9> Hohe Bekanntheit und Image in der Unternehmensgruppe
<42/42> Prävention (Gesundheitskasse), Kindergesundheit, Versorgungsinnovationen
<43/43> Kein Callcenter, kurze Reaktionszeit, schnelle Entscheidungen

7) Welche Kassen sind Ihre Hauptkonkurrenten?

<1/1> TK
<2/2> HEK, HKK, TK
<3/3> AOK und EKs
<4/4> PKV, TK, AOK
<5/5> AOK, TK
<6/6> TK, Barmer, DAK, IKK Südwest, BKK Mobil Oil, KKH, IKK classic
<7/7> TK
<8/8> PKV, TK
<10/10> TK, Barmer, BKK Euregio
<11/11> Heimat BKK, BKK ZF, BKK Mobil Oil, SBK , AOK NW
<13/13> TK, Barmer, AOK, IKK
<14/14> TK
<15/15> AOK, Knappschaft
<16/16> TK
<17/17> AOK, Barmer, TK
<18/18> TK, HKK, AOK
<20/20> TK, KBS, PKV
<21/21> TK, AOK
<22/22> TK, HKK, AOK Niedersachsen
<25/25> AOK, IKK, TK
<26/26> TK, AOK BW
<27/27> HKK, TK
<28/28> AOK, TK
<29/29> TK, AOK Hessen, BarmerGEK
<30/30> Barmer, DAK, TK, BKK VBU
<31/31> TK
<32/32> AOKn, DAK, Barmer
<33/33> PKV
<34/34> TK, Barmer, DAK
<35/35> TK, AOK Plus
<36/36> TK
<37/37> TK
<38/38> TK, BKK Mobil Oil, AOK Bayern, AOK BW
<39/39> TK, AOK BW, BKK Mobil Oil
<40/40> TK, BKK Mobil Oil
<41/41> TK, DAK, Barmer, Knappschaft
<42/42> TK
<43/43> TK, Barmer, Knappschaft, AOK Plus
<44/44> TK
<45/45> TK
<46/46> TK, BKK Mobil Oil, AOK
<47/47> TK, AOK Hessen, Barmer
<48/48> HKK, BKK Firmus, IKK Gesundplus, BKK Ahlmann
<49/49> IKK gesundplus, TK, Barmer
<50/50> TK, DAK, Barmer, KKH, Knappschaft, IKK classic, Deutsche BKK
<52/52> TK, AOK Nordost, BIG

8.1) Wir gehen offen Konflikten aus dem Weg

trifft gar nicht zu	15	(31,25%)
	10	(20,83%)
	14	(29,17%)
	8	(16,67%)
Trifft voll und ganz zu	1	(2,08%)
Summe	48	
ohne Antwort	4	
Mittelwert	2,38	
Median	2	

8.2) Wir bauen Stärken auf, wo unsere Konkurrenten Schwächen haben

trifft gar nicht zu	2	(4,00%)
	2	(4,00%)
	11	(22,00%)
	18	(36,00%)
Trifft voll und ganz zu	17	(34,00%)
Summe	50	
ohne Antwort	2	
Mittelwert	3,92	
Median	4	

8.3) Wir kopieren die Stärken unserer Konkurrenz

trifft gar nicht zu	11	(22,00%)
	11	(22,00%)
	19	(38,00%)
	9	(18,00%)
Trifft voll und ganz zu	0	(0,00%)
Summe	50	
ohne Antwort	2	
Mittelwert	2,52	
Median	3	

8.4) Wir versuchen systematisch die Stärken unserer Konkurrenz zu übertreffen

trifft gar nicht zu	2	(4,08%)
	3	(6,12%)
	18	(36,73%)
	20	(40,82%)
Trifft voll und ganz zu	6	(12,24%)
Summe	49	
ohne Antwort	3	
Mittelwert	3,51	
Median	4	

8.5) Wir handeln eher defensiv als offensiv

trifft gar nicht zu	10	(20,00%)
	11	(22,00%)
	18	(36,00%)
	9	(18,00%)
Trifft voll und ganz zu	2	(4,00%)
Summe	50	
ohne Antwort	2	
Mittelwert	2,64	
Median	3	

8.6) Wir beobachten und analysieren unsere Hauptkonkurrenten systematisch

trifft gar nicht zu	1	(2,00%)
	3	(6,00%)
	11	(22,00%)
	17	(34,00%)
Trifft voll und ganz zu	18	(36,00%)
Summe	50	
ohne Antwort	2	
Mittelwert	3,96	
Median	4	

8.7) Wir suchen Nischen

trifft gar nicht zu	1	(2,00%)
	4	(8,00%)
	12	(24,00%)
	17	(34,00%)
Trifft voll und ganz zu	16	(32,00%)
Summe	50	
ohne Antwort	2	
Mittelwert	3,86	
Median	4	

8.8) Wir akquirieren gezielt Kundengruppen unserer Hauptkonkurrenten

trifft gar nicht zu	13	(26,53%)
	9	(18,37%)
	16	(32,65%)
	8	(16,33%)
Trifft voll und ganz zu	3	(6,12%)
Summe	49	
ohne Antwort	3	
Mittelwert	2,57	
Median	3	

8.9) Wir kooperieren mit unserem Hauptkonkurrenten

trifft gar nicht zu	26	(53,06%)
	11	(22,45%)
	11	(22,45%)
	1	(2,04%)
Trifft voll und ganz zu	0	(0,00%)
Summe	49	
ohne Antwort	3	
Mittelwert	1,73	
Median	1	

9) Höhe ihres momentanen Zusatzbeitrages

0 - 0,4%	8	(15,38%)
0,5 - 0,8%	25	(48,08%)
0,9%	17	(32,69%)
1,0% und höher	2	(3,85%)
Summe	52	
ohne Antwort	0	

10.1) Höhe des durchschnittlichen Zusatzbeitrages gemäß Schätzerkreis

kein Einfluss	7	(13,46%)
	5	(9,62%)
	10	(19,23%)
	12	(23,08%)
sehr hoher Einfluss	18	(34,62%)
Summe	52	
ohne Antwort	0	
Mittelwert	3,56	
Median	4	

10.2) Die eigenen Ausgaben müssen gedeckt sein

kein Einfluss	1	(1,92%)
	2	(3,85%)
	3	(5,77%)
	25	(48,08%)
sehr hoher Einfluss	21	(40,38%)
Summe	52	
ohne Antwort	0	
Mittelwert	4,21	
Median	4	

10.3) Zusatzbeitrag in gleicher Höhe der Konkurrenz

kein Einfluss	13	(26,53%)
	6	(12,24%)
	16	(32,65%)
	12	(24,49%)
sehr hoher Einfluss	2	(4,08%)
Summe	49	
ohne Antwort	3	
Mittelwert	2,67	
Median	3	

10.4) Zusatzbeitrag niedriger als die Konkurrenz

kein Einfluss	20	(40,00%)
	9	(18,00%)
	11	(22,00%)
	6	(12,00%)
sehr hoher Einfluss	4	(8,00%)
Summe	50	
ohne Antwort	2	
Mittelwert	2,3	
Median	2	

10.5) Langfristig stabile Beiträge anbieten

kein Einfluss	0	(0,00%)
	1	(1,96%)
	6	(11,76%)
	19	(37,25%)
sehr hoher Einfluss	25	(49,02%)
Summe	51	
ohne Antwort	1	
Mittelwert	4,33	
Median	4	

10.6) Leistungskürzungen vermeiden

kein Einfluss	0	(0,00%)
	3	(6,00%)
	8	(16,00%)
	18	(36,00%)
sehr hoher Einfluss	21	(42,00%)
Summe	50	
ohne Antwort	2	
Mittelwert	4,14	
Median	4	

10.7) Qualität hat Ihren Preis

kein Einfluss	8	(16,33%)
	6	(12,24%)
	13	(26,53%)
	16	(32,65%)
sehr hoher Einfluss	6	(12,24%)
Summe	49	
ohne Antwort	3	
Mittelwert	3,12	
Median	3	

10.8) Andere Positionen?

11.1) Frühzeitige Erhöhung des Zusatzbeitrages

nicht geeignet	9	(17,65%)
	9	(17,65%)
	14	(27,45%)
	10	(19,61%)
sehr geeignet	9	(17,65%)
Summe	51	
ohne Antwort	1	
Mittelwert	3,02	
Median	3	

11.2) Verzögerung der Erhöhung durch den Abbau von Finanzreserven

nicht geeignet	4	(7,84%)
	5	(9,80%)
	15	(29,41%)
	21	(41,18%)
sehr geeignet	6	(11,76%)
Summe	51	
ohne Antwort	1	
Mittelwert	3,39	
Median	4	

11.3) Verzögerung der Erhöhung durch Leistungskürzungen

nicht geeignet	11	(22,00%)
	13	(26,00%)
	13	(26,00%)
	11	(22,00%)
sehr geeignet	2	(4,00%)
Summe	50	
ohne Antwort	2	
Mittelwert	2,6	
Median	3	

11.4) Verzögerung der Erhöhung durch Einsparung bei den Verwaltungskosten

nicht geeignet	8	(15,69%)
	11	(21,57%)
	13	(25,49%)
	14	(27,45%)
sehr geeignet	5	(9,80%)
Summe	51	
ohne Antwort	1	
Mittelwert	2,94	
Median	3	

11.5) Anderes Vorgehen?

<11/11> Aufrechterhaltung eines attraktiven Serviceangebotes ist wichtiger als Leistungsangebot
<42/42> Kombination der Vorgehensweisen

12) Hat Ihre KK zwischen 2009 - 2014 einen Zusatzbeitrag erhoben?

ja	4	(7,69%)
nein	48	(92,31%)
Summe	52	
ohne Antwort	0	

13) Konzentrieren Sie die Werbemaßnahmen auf eine bestimmte Zielgruppe?

nein	20	(39,22%)
ja	31	(60,78%)
Summe	51	
ohne Antwort	1	

<1/1> Mitarbeiter des Betriebes
<2/2> Familien mit Kindern
<3/3> Familien
<5/5> Trägerunternehmen
<7/7> Mitarbeiter des Betriebes + Angehörige
<9/9> Trägerunternehmen
<10/10> Junge bis 25, Familien, Rentner ab 65
<11/11> attraktive Deckungsbeiträge, hohes Entscheidungspotential in CLV
<12/12> Regional
<14/14> Betriebsangehörige
<15/15> Betriebsangehörige und Familien
<17/17> Beschäftigte der Branche
<18/18> Handwerk, Familien
<20/20> Versicherte zwischen 25 - 45 Jahre
<21/21> Mitarbeiter Träger
<26/26> Mitarbeiter Träger
<27/27> Regionen
<28/28> Mitarbeiter des Trägers + Familien
<29/29> Mitarbeiter Träger
<31/31> Junge Familien
<34/34> Bechäftigte des Trägers
<35/35> Familien
<36/36> Betriebsangehörige und Familien
<37/37> Mitarbeiter Träger + Familien, Azubis, Studenten
<38/38> Familien mit Kinder, online Affine Versicherte
<40/40> Beschäftigtige Partnerunternehmen, junge Familien
<41/41> Familien und junge Zielgruppen
<42/42> GKV Wahlberechtigte
<43/43> Familien
<48/48> Junge Familien, Berufsstarter

14) Wie hat sich das Budget für Werbemaßnahme im Vergleich zum letzten Jahr entwickelt?

deutlich gesenkt	1	(1,92%)
wenig gesenkt	5	(9,62%)
gleich	27	(51,92%)
wenig erhöht	16	(30,77%)
deutlich erhöht	3	(5,77%)
Summe	52	
ohne Antwort	0	
Mittelwert	3,29	
Median	3	

15.1) Mediawerbung

keine	14	(27,45%)
	12	(23,53%)
	5	(9,80%)
	10	(19,61%)
sehr hohe	10	(19,61%)
Summe	51	
ohne Antwort	1	
Mittelwert	2,8	
Median	2	

15.2) Multimediawerbung

keine	6	(11,76%)
	4	(7,84%)
	12	(23,53%)
	19	(37,25%)
sehr hohe	10	(19,61%)
Summe	51	
ohne Antwort	1	
Mittelwert	3,45	
Median	4	

15.3) Social Media

keine	15	(29,41%)
	9	(17,65%)
	14	(27,45%)
	9	(17,65%)
sehr hohe	4	(7,84%)
Summe	51	
ohne Antwort	1	
Mittelwert	2,57	
Median	3	

15.4) Verkaufsförderung

keine	9	(18,00%)
	17	(34,00%)
	18	(36,00%)
	6	(12,00%)
sehr hohe	0	(0,00%)
Summe	50	
ohne Antwort	2	
Mittelwert	2,42	
Median	2	

15.5) Persönliche Kommunikation

keine	0	(0,00%)
	0	(0,00%)
	3	(5,88%)
	18	(35,29%)
sehr hohe	30	(58,82%)
Summe	51	
ohne Antwort	1	
Mittelwert	4,53	
Median	5	

15.6) Direktkommunikation

keine	2	(3,92%)
	4	(7,84%)
	14	(27,45%)
	14	(27,45%)
sehr hohe	17	(33,33%)
Summe	51	
ohne Antwort	1	
Mittelwert	3,78	
Median	4	

15.7) Öffentlichkeitsarbeit

keine	0	(0,00%)
	5	(9,80%)
	11	(21,57%)
	29	(56,86%)
sehr hohe	6	(11,76%)
Summe	51	
ohne Antwort	1	
Mittelwert	3,71	
Median	4	

15.8) Messen und Ausstellungen

keine	13	(25,49%)
	7	(13,73%)
	16	(31,37%)
	14	(27,45%)
sehr hohe	1	(1,96%)
Summe	51	
ohne Antwort	1	
Mittelwert	2,67	
Median	3	

15.9) Sponsoring

keine	19	(37,25%)
	18	(35,29%)
	8	(15,69%)
	4	(7,84%)
sehr hohe	2	(3,92%)
Summe	51	
ohne Antwort	1	
Mittelwert	2,06	
Median	2	

15.10) Event-Marketing

keine	19	(37,25%)
	15	(29,41%)
	10	(19,61%)
	5	(9,80%)
sehr hohe	2	(3,92%)
Summe	51	
ohne Antwort	1	
Mittelwert	2,14	
Median	2	

15.11) Weitere Instrumente?

<39/39> Kinowerbung
<40/40> BGM, Personalversammlung in den Unternehmen
<42/42> Eigene Events mit Gesundheitsbezug

16.1) Niedriger Beitrag

nicht herausgestellt	13	(28,26%)
	2	(4,35%)
	6	(13,04%)
	17	(36,96%)
sehr stark herausgestellt	8	(17,39%)
Summe	46	
ohne Antwort	6	
Mittelwert	3,11	
Median	4	

16.2) Stabiler Beitrag

nicht herausgestellt	2	(4,08%)
	3	(6,12%)
	12	(24,49%)
	20	(40,82%)
sehr stark herausgestellt	12	(24,49%)
Summe	49	
ohne Antwort	3	
Mittelwert	3,76	
Median	4	

16.3) Gutes Preis Leistungsverhältnis

nicht herausgestellt	0	(0,00%)
	0	(0,00%)
	2	(4,00%)
	11	(22,00%)
sehr stark herausgestellt	37	(74,00%)
Summe	50	
ohne Antwort	2	
Mittelwert	4,7	
Median	5	

16.4) Bestimmte Leistungen des Pflichtkataloges

nicht herausgestellt	16	(33,33%)
	9	(18,75%)
	13	(27,08%)
	8	(16,67%)
sehr stark herausgestellt	2	(4,17%)
Summe	48	
ohne Antwort	4	
Mittelwert	2,4	
Median	2	

16.5) Bestimmte Zusatzleistungen

nicht herausgestellt	1	(1,96%)
	1	(1,96%)
	1	(1,96%)
	21	(41,18%)
sehr stark herausgestellt	27	(52,94%)
Summe	51	
ohne Antwort	1	
Mittelwert	4,41	
Median	5	

16.6) Hochwertiger Service

nicht herausgestellt	0	(0,00%)
	0	(0,00%)
	2	(3,92%)
	17	(33,33%)
sehr stark herausgestellt	32	(62,75%)
Summe	51	
ohne Antwort	1	
Mittelwert	4,59	
Median	5	

16.6) Erstklassige Mitarbeiter

nicht herausgestellt	0	(0,00%)
	2	(4,00%)
	5	(10,00%)
	21	(42,00%)
sehr stark herausgestellt	22	(44,00%)
Summe	50	
ohne Antwort	2	
Mittelwert	4,26	
Median	4	

16.7) Gutes wirtschaften mit Versichertengeldern

nicht herausgestellt	4	(8,00%)
	2	(4,00%)
	9	(18,00%)
	19	(38,00%)
sehr stark herausgestellt	16	(32,00%)
Summe	50	
ohne Antwort	2	
Mittelwert	3,82	
Median	4	

16.8) Weitere Eigenschaften?

<3/3> Gutes GST und Servicestellennetz
<6/6> Marke, Image
<39/39> Regionalität - gute regionale Versorgung
<42/42> Summe aller Leistungen im Angebot
<45/45> Service von Kollegen für Kollegen
<48/48> Nähe zu Versicherten, Neue Geschäftsstellen

17) Haben Sie die Ausrichtung Ihrer Werbung im Vergleich zu 2014 verändert

nein	36	(72,00%)
ja	14	(28,00%)
Summe	50	
ohne Antwort	2	

<1/1> Nennung Beitragsvorteil
<2/2> Hervorhebung stabiler Beitrag und wirtschaftlicher Verwendung der Gelder
<3/3> Erhöhung der Werbemaßnahmen
<11/11> von Leistung zu Preis/Leistungsargumentation
<17/17> bisher Servicie/Leistungs jetzt Preis/ Leistungs orentiert
<29/29> Weg vom Preis, Hin zum besonderen persönlichen Service
<31/31> Mehr auf Zielgruppe junge Familien fokussiert
<36/36> Direktkommunikation
<39/39> Bündelung der Werbemaßnahmen auf einzelne Sonderthemen
<43/43> Beitragssatz
<44/44> bezüglich günstigen Zusatzbeitragssatz
<48/48> Nähe, mehr Leistungen, mehr Service, kompetente Beratung
<49/49> Preisrelevanz
<52/52> Social Media

18) Ist der Wettbewerb durch das GKV FQWG gerechter geworden?

nicht einschätzbar	4	(7,69%)
unzutreffend	14	(26,92%)
eher unzutreffend	16	(30,77%)
gleich	8	(15,38%)
eher zutreffend	7	(13,46%)
zutreffend	3	(5,77%)
Summe	52	
ohne Antwort	0	
Mittelwert	2,17	
Median	2	

19) Wie wird sich der Preiswettbewerb durch die Zusatzbeiträge entwickeln?

nicht einschätzbar	0	(0,00%)
deutlich abnehmen	1	(1,92%)
wenig abnehmen	0	(0,00%)
nicht verändern	2	(3,85%)
wenig zunehmen	24	(46,15%)
stark zunehmen	25	(48,08%)
Summe	52	
ohne Antwort	0	
Mittelwert	4,38	
Median	4	

20) Wie schätzen Sie die Stärke des Preissignals im Vergleich zu den alten Beiträgen ein?

nicht einschätzbar	0	(0,00%)
deutlich abgenommen	9	(17,31%)
wenig abgenommen	7	(13,46%)
nicht verändert	2	(3,85%)
wenig zugenommen	26	(50,00%)
stark zugenommen	8	(15,38%)
Summe	52	
ohne Antwort	0	
Mittelwert	3,33	
Median	4	

21) Durch die neuen Zusatzbeiträge werden die Handlungsmöglichkeiten für die Einführung neuer Leistungen folgendermaßen beeinflusst?

nicht einschätzbar	0	(0,00%)
deutlich abgenommen	11	(21,15%)
wenig abgenommen	18	(34,62%)
nicht verändert	14	(26,92%)
wenig zugenommen	8	(15,38%)
stark zugenommen	1	(1,92%)
Summe	52	
ohne Antwort	0	
Mittelwert	2,42	
Median	2	

A.6. Auswertungstabellen zur Befragung

	0 - 0,8%	0,9% und mehr	Gesamt
Vermeidung Fusion	8	3	
Erhaltung Arbeitsplätze	6	3	
Attraktiver Arbeitgeber	6	4	
Halten Mitgliederzahl	6	5	
Erhöhen Mitgliederzahl	23	11	
Verbesserung der Versicherungsstruktur	9	4	
Politischer Einfluss	2	1	
Einfluss auf den Markt	1	2	
Erhöhung der Einnahmen pro Mitglied	6	3	
Reduktion der Ausgaben pro Mitglied	9	10	
Verbesserung der mediz. Versorgung	17	10	
Halten Zusatzbeitrag	13	10	
Senken Zusatzbeitrag	0	3	
Erhöhung der Kundenzufriedenheit	25	16	
Gesamt	131	85	216

Tabelle 17: Auszählung offene Nennungen zu den Unternehmenszielen nach Höhe des Zusatzbeitrages

	0 - 0,8%	0,9% und mehr
Erhöhung der Kundenzufriedenheit	19,08%	18,82%
Erhöhen Mitgliederzahl	17,56%	12,94%
Verbesserung der mediz. Versorgung	12,98%	11,76%
Halten Zusatzbeitrag	9,92%	11,76%
Reduktion der Ausgaben	6,87%	11,76%
Verbesserung der Versicherungsstruktur	6,87%	4,71%
Sonstige Nennungen	26,72%	28,25%
Gesamt	100%	100%

Tabelle 18: Relative Häufigkeiten der Top 5 Nennungen zu den Unternehmenszielen nach Höhe des Zusatzbeitrages (basierend auf Tabelle 17)

	0 - 0,8%	N	0,9% und mehr	N	Alle Kassen	N
niedriger Zusatzbeitrag	4,19	32	2,19	16	3,52	48
stabiler Beitragssatz	4,32	31	3,16	19	3,88	50
Gute Preis/Leistung	4,72	32	4,21	19	4,53	51
Enges GST Netz	2,68	31	3,58	19	3,02	50
Bester Service	3,59	32	3,83	18	3,68	50
Ein Ansprechpartner	3,94	33	4	18	3,96	51
Hohe MA Kompetenz	4,42	33	4,53	19	4,46	52
Betriebsnähe	4	33	4,06	18	4,02	51
Markenbekanntheit	3,06	33	3,68	19	3,29	52
Image	4,13	32	4,06	18	4,1	50
Kundenzufriedenheit	4,21	33	4,26	19	4,23	52
Verhandlungsvorteile	2,03	32	3	17	2,37	49
Starke Netzwerke	3,16	32	3,89	18	3,42	50
niedrige Verw. Kosten	3,88	32	3,06	18	3,58	50
Zusatzleistungen	4,25	32	4	18	4,16	50
Wahltarifangebot	2,66	32	2,94	18	2,76	50
neue Behandlungsmethoden	2,56	32	3,22	18	2,8	50
eigene Verträge	3,19	32	3,63	19	3,35	51

Tabelle 19: Auswertung der Mittelwerte zu den Wettbewerbsstärken nach Höhe des Zusatzbeitrages

	0 - 0,8%	N	0,9% und mehr	N
Enges GST Netz	2,68	31	3,58	19
Bester Service	3,59	32	3,83	18
Ein Ansprechpartner	3,94	33	4	18
Hohe MA Kompetenz	4,42	33	4,53	19
Betriebsnähe	4	33	4,06	18
Kundenzufriedenheit	4,21	33	4,26	19
Zusatzleistungen	4,25	32	4	18
Wahltarifangebot	2,66	32	2,94	18
eigene Verträge	3,19	32	3,63	19
neue Behandlungsmethoden	2,56	32	3,22	18

Tabelle 20: Auswertung der Mittelwerte ausgewählter Wettbewerbstärken

	0 - 0,8%	N	0,9% und mehr	N	Alle Kassen	N
Wir gehen Konflikten aus dem Weg	2,5	30	2,11	18	2,38	48
Wir bauen Stärken auf wo unsere Konkurrenten Schwächen haben	3,86	32	3,89	18	3,92	50
Kopieren von Stärken	2,69	32	2,33	18	2,52	50
Übertreffen der Stärken der Konkurrenz	3,56	30	3,42	19	3,51	49
Defensives Handeln	2,83	32	2,22	18	2,64	50
Beobachtung und Analyse der Hauptkonkurrenz	3,91	31	4,21	19	3,96	50
Suchen nach Nischen	3,78	32	3,94	18	3,86	50
Gezielte Akquise von Kunden der Konkurrenz	2,49	31	2,61	18	2,57	49
Kooperation mit Konkurrenz	1,71	31	1,78	18	1,73	49

Tabelle 21: Auswertung der Mittelwerte zum Verhalten ggü. der Konkurrenz nach Höhe des Zusatzbeitrages

	0 - 0,8%	0,9% und mehr	N
TK	26	14	
AOKn	19	9	
BarmerGEK	6	7	
BKK Mobil Oil	3	3	
DAK	2	4	
Hkk	3	2	
Knappschaft	3	2	
PKV	3	1	
Sonstige	11	9	
N	76	51	127

Tabelle 22: Auszählung der offenen Nennungen zu den Hauptkonkurrenten nach Höhe des Zusatzbeitrages

	0 - 0,8%	0,9% und mehr
TK	34,21%	27,45%
AOKn	25,00%	17,65%
BarmerGEK	7,89%	13,73%
BKK Mobil Oil	3,95%	5,88%
DAK	2,63%	7,84%
Hkk	3,95%	3,92%
Knappschaft	3,95%	3,92%
PKV	3,95%	1,96%
Sonstige	14,47%	17,65%
Summe	100%	100%

Tabelle 23: Relative Häufigkeiten der Nennungen zu den Hauptkonkurrenten nach Höhe des Zusatzbeitrages (basierend auf Tabelle 22)

	0 - 0,8%	N	0,9% und mehr	N	2009 Zusatz-beitrag	N	Alle Kassen	N
Schätzerkreis	3,15	33	4,26	19	4,75	4	3,56	52
Deckung eigener Ausgaben	4,12	33	4,37	19	4	4	4,21	52
Zusatzbeitrag = Konkurrenz	2,39	31	3,17	18	4,25	4	2,67	49
Zusatzbeitrag < Konkurrenz	2,82	33	1,29	17	1	4	2,3	50
Langfristig stabiler Beitrag	4,28	32	4,42	19	4	4	4,33	51
Leistungskürzungen vermeiden	4,13	32	4,17	18	4	4	4,14	50
Qualität hat Ihren Preis	2,91	32	3,53	17	4	4	3,12	49

Tabelle 24: Auswertung der Mittelwerte zu den Positionen für die Beitragsfestsetzung nach Höhe des Zusatzbeitrages

	0 - 0,8%	N	0,9% und mehr	N	2009 Zusatz-beitrag	N	Alle Kassen	N
Frühzeitige Erhöhung	3,18	33	2,72	18	2,25	4	3,02	51
Abbau Finanzreserven	3,33	33	3,5	18	4	4	3,39	51
Leistungskürzungen	2,7	33	2,41	17	3,75	4	2,6	50
Einsparung Verw. Kosten	2,82	33	3,17	18	4	4	2,94	51

Tabelle 25: Auswertung der Mittelwerte zur Beitragspolitik bei Verschlechterung der Wettbewerbsposition nach Höhe des Zusatzbeitrages

	0 - 0,4%	0,5 - 0,8%	0,90%	1,0% und mehr	Alle Kassen
Mittelwert	3,63	3,36	3,06	3	3,29
N	8	25	17	3	52

Tabelle 26: Auswertung der Mittelwerte zur Entwicklung des Werbebudgets nach Höhe des Zusatzbeitrages

	Mittelwert	N
Pers. Kommunikation	4,53	51
Direktkommunikation	3,78	51
Öffentlichkeitsarbeit	3,71	51
Multimediawerbung	3,45	51
Mediawerbung	2,8	51
Messen und Ausstellungen	2,67	51
Social Media	2,57	51
Verkausförderung	2,42	50
Event-Marketing	2,14	51
Sponsoring	2,06	51

Tabelle 27: Auswertung der Mittelwerte zur Bedeutung der Kommunikationsinstrumente

	0- 0,8%	N	0,9% und mehr	N
Mediawerbung	2,73	33	2,94	18
Multimediawerbung	3,52	33	3,33	18
Social Media	2,18	33	3,28	18
Verkaufsförderung	2,34	32	2,56	18
Pers. Kommunikation	4,39	33	4,78	18
Direktkommunikation	3,64	33	4,06	18
Öffentlichkeitsarbeit	3,58	33	3,94	18
Messen und Ausstellungen	2,45	33	3,06	18
Sponsoring	2,06	33	2,06	18
Event-Marketing	1,91	33	2,29	18

Tabelle 28: Auswertung der Mittelwerte zur Bedeutung der Kommunikationsinstrumente nach Höhe des Zusatzbeitrages

	0 - 0,8%	N	0,9% und mehr	N	Alle Kassen	N
Niedriger Beitrag	4,03	31	1,2	15	3,11	46
Stabiler Beitrag	3,77	31	3,72	18	3,76	49
Gute Preis/Leistung	4,74	31	4,63	19	4,7	50
Pflichtleistungen	2,45	31	2,29	17	2,4	48
Zusatzleistungen	4,34	32	4,53	19	4,41	51
Hochwertiger Service	4,59	32	4,58	19	4,59	51
Mitarbeiter	4,19	31	4,37	19	4,26	50
Gutes Wirtschaften	3,9	31	3,68	19	3,82	50

Tabelle 29: Auswertung der Mittelwerte zu den Werbeeigenschaften nach Höhe des Zusatzbeitrages

	0 - 0,8	N	0,9 und mehr	N	Alle Kassen	N
Wettbewerb gerechter	2,15	33	2,21	19	2,17	52
Entwicklung Preiswettbewerb	4,52	33	4,16	19	4,38	52
Stärke Preissignal	3,58	33	2,89	19	3,33	52
Einführung neu Leistungen	2,55	33	2,21	19	2,42	52

Tabelle 30: Auswertung der Mittelwerte Frage 18 - 21 nach Höhe des Zusatzbeitrages

	0 - 0,4%	N	0,5 - 0,8%	N	0,9%	N	1,0% und mehr	N
Wettbewerb gerechter	2,5	8	2,04	25	2,29	17	1,5	2

Tabelle 31: Auswertung der Mittelwerte Frage 18 nach Höhe des Zusatzbeitrages

	0 - 0,4%	N	0,5 - 0,8%	N	0,9%	N	1,0% und mehr	N
Entwicklung Preiswettbewerb	4,75	8	4,44	25	4,18	17	4	2

Tabelle 32: Auswertung Mittelwerte Frage 19 nach Höhe des Zusatzbeitrages

	AOK	N	BKK	N	EK	N	IKK	N
Wettbewerb gerechter	3,5	8	1,95	38	2,33	3	1	2

Tabelle 33: Auswertung der Mittelwerte Frage 18 nach Kassenart

	unter 100 Tsd Vers.	N	100 - 500 Tsd Vers.	N	500 Tsd - 1 Mio Vers.	N	über 1 Mio Vers.	N
Wettbewerb gerechter	2,03	30	2	8	1,67	3	2,82	11

Tabelle 34: Auswertung der Mittelwerte Frage 18 nach Kassengröße

	AOK	N	BKK	N	EK	N	IKK	N
Einführung neuer Leistungen	3	8	2,37	38	1,67	3	2	2

Tabelle 35: Auswertung der Mittelwerte Frage 21 nach Kassenart

	unter 100 Tsd Vers.	N	100 - 500 Tsd Vers.	N	500 Tsd - 1 Mio Vers.	N	über 1 Mio Vers.	N
Einführung neuer Leistungen	2,3	30	2,38	8	2,67	3	2,73	11

Tabelle 36: Auswertung der Mittelwerte Frage 21 nach Kassengröße

A.7. Auswertungsbögen zur Inhaltsanalyse der Webseiten

Kasse	Datum	Link	Dimension	Code		Begründung	Ergebnis
BarmerGek	02.03.15	https://www.barmer-gek.de/barmer/web/Portale/Versicherte/Rundum-gutversichert/Startseite/Startseite.html https://www.barmer-gek.de/barmer/web/Portale/Versicherte/Rundum-gutversichert/Beratung/Mitglied-werden/Gute-Gruende/Gute-Gr_C3_BCnde.html	Zielgruppe	ZG1	Nein		Demografische und Sozioökonomische Zielgruppen. Angebotsinhalt: Leistungsbetont Höhe Zusatzbeitrag wird nicht genannt. Emotionaler Reason Why
				ZG2	Nein		
				ZG3	Ja	Zielgruppe: Familie	
				ZG4	Ja	Zielgruppen: Schüler/Azubis, Studenten, Berufstätige, Selbständige	
			Content	C1	Ja	Verweis auf Zusatzleistungen wie Gesundheitskonto und Naturheilverfahren	
				C2	Nein		
				C3	Nein		
				C4	Nein		
				RW1	Nein		
				RW2	Ja	"Bei der Barmer sind Sie das ganze Leben optimal abgesichert"	
				RW3	Nein		

Kasse	Datum	Link	Dimension	Code		Begründung	Ergebnis
HKK	02.03.15	http://www.hkk.de/startseite/ http://www.hkk.de/main/versicherung_beitraege/versicherung_fuer/ http://www.hkk.de/special/extra/	Zielgruppe	ZG1	Nein		Sozioökonomische Zielgruppen Angebotsinhalt: Beitrags- und Leistungsbetont Zusatzbeitragshöhe wird genannt. Wirtschaftlicher Reason Why
				ZG2	Nein		
				ZG3	Nein		
				ZG4	Ja	Zielgruppen: Arbeitnehmer, Selbständige, Azubis, Studenten, Rentner, Beamte/Pensionäre	
			Content	C1	Ja	Nennung zahlreicher Zusatzleistungen unter Hervorhebung des geldwerten Vorteils. Einzig genannte Serviceleistung ist Arztterminservice ganz am Ende der Website.	
				C2	Ja	"günstigste deutschlandweit wählbare Krankenkasse" Link zu Beitragsvergleichsrechner	
				C3	Ja	"Nur 0,4 % Zusatzbeitrag"	
				C4	Nein		
				RW1	Ja	"Günstiger Beitrag nur 0,4%" "Mitglieder sparen im Vergleich zum Kassendurchschnitt mehrere Hundert Euro pro Jahr" "Extra Leistungen im Wert von mehr als 1000 €"	
				RW2	Nein		
				RW3	Nein		

Kasse	Datum	Link	Dimension	Code		Begründung	Ergebnis
AOK Bayern	02.03.15	http://www.besteleistungen.de/#home/0	Zielgruppe	ZG1	Nein		Sozioökonomische Zielgruppen Angebotsinhalte: Leistungs- und Servicebetont Höhe Zusatzbeitrag wird nicht genannt. Emotionaler und Sozialer Reason Why
				ZG2	Nein		
				ZG3	Nein		
				ZG4	JA	"Die junge Welt der AOK. Speziell für Schüler, Azubis, Studenten und Berufseinsteiger"	
			Content	C1	Ja	Nennung Erweiterter Haushaltshilfe und Gesundheitsprogramme	
				C2	Nein		
				C3	Nein		
				C4	Ja	"Wir sind immer für Sie erreichbar: tagsüber über die Geschäftsstellen in ganz Bayern mit kundenfreundlichen Öffnungszeiten und auch am Feierabend sowie während der Nacht über unser Service-Telefon"	
				RW1	Nein		
				RW2	Ja	"Die AOK steht für Nähe Verständnis und Vertrauen" "Die AOK steht für Sicherheit in allen Lebenssituationen"	
				RW3	Ja	"Wir sind Nummer 1 im Freistaat: Mehr als 4,3 Millionen Menschen vertrauen der AOK Bayern in allen Lebenslagen."	

Kasse	Datum	Link	Dimension	Code		Begründung	Ergebnis
AOKplus	03.03.15	https://www.aokplus-online.de/mitglied-werden/pluspunkte-im-ueberblick.html https://www.aokplus-online.de/mitglied-werden/pluspunkte-im-ueberblick/berufstaetige.html https://www.aokplus-online.de/mitglied-werden/pluspunkte-im-ueberblick/azubis-studenten.html https://www.aokplus-online.de/mitglied-werden/pluspunkte-im-ueberblick/selbststaendige.html https://www.aokplus-online.de/mitglied-werden/pluspunkte-im-ueberblick/fuer-familien.html	Zielgruppe	ZG 1	Nein		Demografische und Soziökonomische Zielgruppen Angebotsinhalte: Leistungen und Service. Beitrag nur bei einer Zielgruppe Höhe des Zusatzbeitrages wird nur bei einer Zielgruppe genannt Hauptsächlich emotionaler Reason Why. Bei einer Zielgruppe wirtschaftlich
				ZG 2	Nein		
				ZG 3	Ja	Zielgruppe sind Familien	
				ZG 4	Ja	Weitere Zielgruppen: Azubis/Studenten, Selbständige, Berufstätige	
			Content	C1	Ja		
				C2	teils	Nur bei Zielgruppe Berufstätige	
				C3	teils	Nur bei Zielgruppe Berufstätige	
				C4	Ja	"Vertrauen Sie uns und profitieren Sie von Top-Service, einem persönlichen Ansprechpartner ganz in Ihrer Nähe und individuellen Angeboten."	
				RW 1	teils	Bei Berufstätigen: Es wird auf einen unterdurchschnittlichen Beitrag verwiesen. Aber nicht sehr offensiv.	
				RW2	Ja	"Natürlich überlassen Sie die Gesundheit Ihrer Familie nicht dem Zufall." "Als hauptberuflich Selbstständige/r möchten Sie nichts dem Zufall überlassen, wenn es um Ihre Gesundheit geht?"	
				RW 3	Nein		

Kasse	Datum	Link	Dimension	Code		Begründung	Ergebnis
IKK Brandenburg und Berlin	03.03.15	http://www.ikkbb.de/mitglied-werden/gute-gruende-fuer-die-ikk-brandenburg-und-berlin.htm	Zielgruppe	ZG1	Nein		Keine Nennung von Zielgruppen Angebotsinhalte: Leistungen, Beitrag, Service Höhe des Zusatzbeitrages wird nicht genannt. Wirtschaftlicher Reason Why
					Nein		
				ZG2	Nein		
				ZG3	Nein		
				ZG4	Nein		
		http://www.ikkbb.de/mitglied-werden/gute-gruende-fuer-die-ikk-brandenburg-und-berlin/wir-senken-den-beitrag.html	Content	C1	Ja	"Weniger Beitrag! Mehr Leistung!" Nennung von Zusatzleistungen wie alternative Heilmethoden und erweitertem Impfschutz	
		http://www.ikkbb.de/mitglied-werden/gute-gruende-fuer-die-ikk-brandenburg-und-berlin/mehr-leistungen.htmll		C2	Ja	"Weniger Beitrag! Mehr Leistung!" "Die IKK BB senkt den Beitrag!"	
				C3	Nein		
		http://www.ikkbb.de/mitglied-werden/gute-gruende-fuer-die-ikk-brandenburg-und-berlin/mehr-service.html		C4	Ja	"Mehr Service" Nennung von Serviceleistungen wie Betreuungstermine zu Hause und zusätzlichen Beratungsservices.	
		http://www.ikkbb.de/mitglied-werden/gute-gruende-fuer-die-ikk-brandenburg-und-berlin/mehr-extras.html		RW1	Ja	Weniger Beitrag für mehr Leistung ist das Hauptargument. Unter den Extras werden monetäre Vorteile betont. Z.B.: "Bedarfsgerechtes Bonusprogramm für gesundheitsbewusstes Verhalten in barer Münze - bis zu 325 Euro pro Jahr."	
				RW2	Nein		
				RW3	Nein		

Kasse	Datum	Link	Dimension	Code		Begründung	Ergebnis
IKK Süd-West	03.03.15	https://www.ikk-sued-west.de/mitglied-werden/gute-gruende-fuer-einen-wechsel-zur-ikk-suedwest/ https://www.ikk-sued-west.de/mitglied-werden/ikk-aktivbonus/	Zielgruppe	ZG1	Nein		Keine Nennung von Zielgruppen Angebotsinhalt: Leistung und Service Höhe Zusatzbeitrag wird nicht genannt Wirtschaftlicher Reason Why
				ZG2	Nein		
				ZG3	Nein		
				ZG4	Nein		
			Content	C1	Ja	Nennung von Zusatzleistungen wie Gesundheitsbonus, Erweiterter Vorsorge und Impfungen.	
				C2	Nein		
				C3	Nein		
				C4	Ja	u.A. Verweis auf persönliche Beratung zu Hause, nach Feierabend und am Wochenende.	
				RW1	Ja	"Attraktiver Gesundheitsbonus in Höhe von bis zu 360,- Euro insgesamt" "Bis zu 150,- Euro Zuschuss zu ausgewählten Präventionskursen und Gesundheitsreisen" "Herzlich willkommen bei der IKK Südwest. Freuen Sie sich als neues Mitglied über einen Aktivbonus von 60 Euro."	
				RW2	Nein		
				RW3	Nein		

Kasse	Datum	Link	Dimension	Code		Begründung	Ergebnis
IKK Nord	03.03.15	http://www.ikk-nord.de/mitglied-schaft/vorteile.html	Zielgruppe	ZG1	Nein		Demografische Zielgruppe Angebotsinhalte: Leistungen und Service Höhe Zusatzbeitrag wird nicht genannt. Sozialer Reason Why
				ZG2	Nein		
				ZG3	Ja	"Die IKK Nord bietet zwei Programme für Familien an - oder für die, die eine Familie gründen wollen"	
				ZG4	Nein		
		http://www.ikk-nord.de/zusatzleistungen/familie.html	Content	C1	Ja	Nennung von Zusatzleistungen wie Homöopathie, Gesundheitskurse und Bonusprogramm.	
				C2	Nein		
				C3	Nein		
				C4	Ja	Verweis auf das eigene Serviceangebot wie z.B. Gesundheits- und Sozialberatung	
				RW1	Nein		
				RW2	Nein		
				RW3	Ja	"Die starke Gemeinschaft im Norden mit über 240.000 Versicherten! Und mehr als 30.000 Betrieben im Handwerk und anderen Branchen."	

Kasse	Datum	Link	Dimension	Code		Begründung	Ergebnis
SBK	04.03.15	https://www.sbk.org/warum-sbk/	Zielgruppe	ZG1	Nein		Keine Nennung von Zielgruppen Angebotsinhalt: Leistung und Service Höhe Zusatzbeitrag wird nicht genannt. Emotionaler Reason Why
				ZG2	Nein		
				ZG3	Nein		
				ZG4	Nein		
		https://www.sbk.org/warum-sbk/persoenlicher-service/	Content	C1	Ja	Nennung von Zusatzleistungen wie alternativer Medizin und Bonusprogramm.	
				C2	Nein		
				C3	Nein		
				C4	Ja	Starker Fokus auf die Vermarktung eines persönlichen Kundeberaters.	
				RW1	Nein		
				RW2	Ja	"Was ist das Richtige für Ihre Gesundheit und die Ihrer Familie? Bei der SBK unterstützt Sie Ihr persönlicher Kundenberater dabei, die richtigen Entscheidungen zu treffen."	
				RW3	Nein		

Kasse	Datum	Link	Dimension	Code		Begründung	Ergebnis
Branden-burgische BKK	04.03.15	http://www.brandenburgi-sche-bkk.de/	Zielgruppe	ZG1	Nein		Keine Nennung von Zielgruppen Angebotsinhalte: Leistungen, Beitrag, Service Höhe des Zusatzbeitrages wird genannt Wirtschaftlicher und emotionaler Reason Why
				ZG2	Nein		
				ZG3	Nein		
				ZG4	Nein		
		http://www.brandenburgi-sche-bkk.de/unternehmen/wir-ueber-uns/43-mehr-als-ein-plus-fuer-sie http://www.brandenburgi-sche-bkk.de/mitgliedschaft/mitglied-werden	Content	C1	Ja	Nennung von Zusatzleistungen wie Bonusprogramm, Impfungen und Gesundheitsreisen.	
				C2	Ja	Die Seite "Mitglied werden" enthält eine gut erkennbare Verlinkung auf den aktuellen Beitragssatz.	
				C3	Ja	Höhe des Zusatzbeitrages wird beim Beitragssatz genannt.	
				C4	Ja	"Wir entscheiden über alle Leistungsanträge sofort vor Ort."	
				RW1	Ja	Bei den Leistungen wird der geldwerte Vorteile stark betont. Z.B. "Gesundheitsbonus der Brandenburgischen BKK Bis zu 240 Euro/Jahr Bonus für gesundheitsbewusstes Verhalten"	
				RW2	Ja	"Wenn auch bei Ihnen der Wunsch nach hoher Lebensqualität, nach Fitness, Wohlbefinden und Leistungsfähigkeit ganz oben steht, dann sind Sie bei unserer BKK bestens versichert."	
				RW3	Nein		

Kasse	Datum	Link	Dimension	Code		Begründung	Ergebnis
BKK Euregio	05.03.15	http://www.bkk-euregio.de/mitglied-werden/beitraege/ http://www.bkk-euregio.de/mitglied-werden/kein-zusatzbeitrag/	Zielgruppe	ZG1	Nein		Keine Nennung von Zielgruppen Angebotsinhalte: Leistungen und Beitrag Höhe Zusatzbeitrag wird genannt. Wirtschaftlicher Reason Why
				ZG2	Nein		
				ZG3	Nein		
				ZG4	Nein		
			Content	C1	Ja	Nennung von Zusatzleistungen wie Sehhilfenzuschuss, Professioneller Zahnreinigung und Zuschüssen zum Fitnessstudio	
				C2	Ja	Es werden an Hand verschiedener Einkommensgruppen Beitragsersparnisse dargestellt.	
				C3	Ja	Es wird klar kommuniziert, dass kein Zusatzbeitrag erhöben wird.	
				C4	Nein		
				RW1	Ja	"Wir erheben keinen Zusatzbeitrag - und unsere Mehrleistungen sichern Ihnen zusätzliche finanzielle Vorteile."	
				RW2	Nein		
				RW3	Nein